孙子兵法精译

钱瑶 冯大建◎译

中国纺织出版社

内 容 提 要

《孙子兵法》是早期中国兵法的集大成之作，也是一部蕴含着中国哲学智慧的奇书，为世代兵家所推崇。这部巨著的视角超越了军事行为自身，其中对于国家政治、社会关系以及人性的深刻理解，以及书中所探讨的谋略智慧，对今天的生活仍然具有积极的指导意义。但这部巨著毕竟问世较早，语言古雅，哲思深邃，对于一般读者来说，很多内容难于理解。故此，我们参考了多家注本，对这部巨著进行了重新的注译，并在导读部分细致地对文本进行了阐释，希望以简洁明了的方式，与我们的读者一起分享千年之前的伟大智慧。

图书在版编目（CIP）数据

孙子兵法精译：诵读版 / 冯大建，钱瑶译. —北京：中国纺织出版社，2017. 8

（南开中华典藏文库）

ISBN 978-7-5180-2756-9

Ⅰ. ①孙… Ⅱ. ①冯… ②钱… Ⅲ. ①兵法—中国—古代 ②《孙子兵法》—译文 Ⅳ. ① E892. 2

中国版本图书馆 CIP 数据核字（2016）第 145358 号

策划编辑：曹炳镝　　责任印制：储志伟

中国纺织出版社出版发行

地址：北京市朝阳区百子湾东里 A407 号楼　邮政编码：100124

销售电话：010—67004422　传真：010—87155801

http: //www.c-textilep.com

E-mail: faxing@c-textilep.com

中国纺织出版社天猫旗舰店

官方微博 http: //weibo.com/2119887771

北京佳信达欣艺术印刷有限公司印刷　各地新华书店经销

2017 年 8 月第 1 版第 1 次印刷

开本：710 × 1000　1/16　印张：9. 5

字数：111 千字　定价：29. 80 元

凡购本书，如有缺页、倒页、脱页，由本社图书营销中心调换

南开中华典藏文库

编委会名单

前言

《孙子兵法》是中国现存最早的军事学著作，被尊奉为“兵经”“百世谈兵之祖”。是中国古代军事思想史上最重要的一部“圣典”，在传统的兵家学术思想领域，可谓前无古人、后无来者，同时，也是一本博大精深、蕴含中国传统思想精粹的“智慧之书”。这部著作虽言兵法，其深邃的哲学思想却远超军事领域。

在漫长的人类历史中，战争是不可否认的残忍存在。在这部兵法中，没有对战争做简单的道德评判，也没有沉迷于铁血与征服带来的成就感，而是正视战争，正视这种人类解决利益、信仰争端的极端方式，力图用智慧化解或者控制形成战争的外部条件，用智慧而非鲜血来取得最终的胜利。这就是这部兵书独特的地方。

推而广之，兵法中的智慧，其实可以用到人类社会所有争执与冲突的解决上。故此，近代以来，《孙子兵法》越发受到重视。如何将战争放在复杂且不断变化的政治、经济因素的全局下来思考？如何“不战而屈人之兵”？如何以弱胜强？如何在不断变化的战局中，在信息不完备的情况下做出最好的决策？书中所言的兵家制胜之道已被转化为一种基本原则，它对政治外交、商业竞争、经济决策、企业管理、人力资源管理等领域都产生了深远的影响。

《孙子兵法》现存共十三篇，分别是《计》《作战》《谋攻》《形》《势》《虚实》《军争》《九变》《行军》《地形》《九地》《火

前言

攻》《用间》。《孙子兵法》的作者，一般认为是春秋时期著名军事家孙武。

孙武，字长卿，春秋时齐国乐安（今山东惠民）人。据载，吴王阖闾看到了孙武所著的兵法十三篇，深为赏识，最终任用为将。其间，还留下了“吴宫教战”的传说。孙武终不负吴王之信任，协助吴王阖闾打败了强大的楚国，攻下了楚国的都城郢都；向南征服了越人；向北与齐、晋等大国对峙，开创了吴国的强盛之局。关于孙武的记载，《史记·孙子本传》是最早，也是较为详细的。

不过，对于《孙子兵法》是否只有十三篇，孙武是否就是现存《孙子兵法》的作者，历史上也多有争论。早在《汉书·艺文志》中，就将《孙子兵法》称为《吴孙子兵法》，记载“兵权谋家吴孙子兵法八十二篇，图九卷”。就目前学术界的一般看法，《孙子兵法》一书的主要思想应当是源自孙武的，同时也经过了不断的加工、整理，直到战国时代才最终成书。1972 年 4 月，山东临沂银雀山汉墓同时出土了《孙子兵法》与《孙膑兵法》竹简，是《孙子兵法》一书现存最早的版本。《孙子兵法》竹简共 300 多枚，不但有后世通行的孙子十三篇的内容，还有佚书四篇。依此看来，《汉书·艺文志》所记载的兵法八十二篇，或许是将《孙子兵法》以及相关的军事著作全部计算在内了。在《孙子兵法》的流传过程中，多有批注校笺，其执笔者不乏曹操、杜牧、梅尧臣等名家。影响最大的版本有宋代的《五经七书》本、《十一家注孙子》本，明代的

《道藏》本，清代孙星衍《孙子十家注》本等。有兴趣的读者也可以在阅读本书后进一步翻阅。

如前所述，《孙子兵法》一书文辞优美、思想博大精深，但毕竟是产生于先秦时代的思想著作，虽语言古雅，但对于今日之读者而言，能够迅速地了解这部著作的精神，殊为不易。故此，我们采用全注全译的方式，力求为深慕传统文化的当代读者提供一个简明的读本。除注译外，还在每章开头设简明导读，以彰要旨，力求为每一章的内容提供一个可以整体把握的线索。此外，古文尚简贵朴，有时简单的直译不能充分呈现原文的意义，为了帮助理解，译文中有增加的文句，增译部分一律用括号的方式标记。本书注译以中华书局《十一家注孙子校理》（杨丙安，2012 年版）为底本，并参考了多位名家前贤的注、译本和研究著作，因篇幅所限，恕不一一列出，在此谨表感谢。

目录

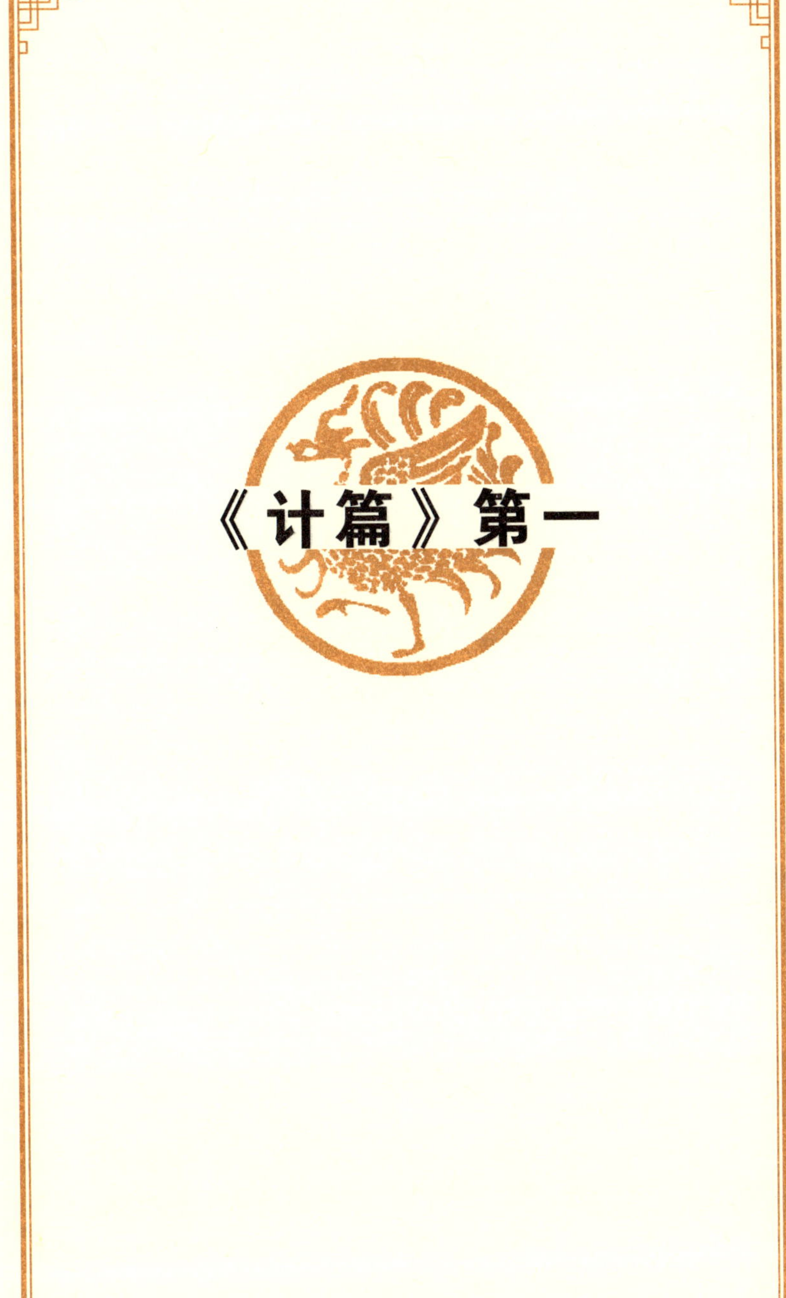

《计篇》第一

导读

在《孙子兵法》十三篇中，《计篇》居首，历来为《孙子兵法》的研究者所看重。本篇可以看做是《孙子兵法》的总纲，讲出了《孙子兵法》一书最重要的基本思想。

《计篇》之“计”，不仅指计谋、策略；更具有决策、预测之意。以《计篇》为第一，或许是因为在孙子看来，战争之法，首重的不是勇力，而是智慧。

战争，是残酷的。虽然每个人都憎恶战争，但人类社会却始终无法摆脱战争的阴影。进入春秋时期以后，随着各诸侯国经济力量的增强，战争成为它们扩张、争霸的常用手段。仅在春秋时期的242年的历史中，大大小小的战争就有近500次，每一次战争对于人类社会而言都是深具影响的大事件。《左传》中就有这样的记载：“国之大事，在祀与戎”（国家的大事，是祭祀与战争）。在人类的历史上，很多时候，战争成为利益、领土、民族、信仰等种种冲突的最终解决之道。人类的文明在进步，然而战争的规模却越来越大；人类文明在发展，在日趋理性，但战争的残酷性却有增无减。战争，是人类的悲剧，却也是必须直面的现实。故此，孙子在整部兵法的开篇便凝重地写下了这样的话：“兵者，国之大事，死生之地，存亡之道。”

这句话开章明义地指出——军事，对于任何一个国家来说，都是关系到国祚存续的大事，决不能逞一时之血勇，轻言妄动。《孙子兵法》一书虽然是兵法艺术的集大成之作，却始终对战争保持了一种十分审慎、清醒的态度。开篇将战争、军事上升到人民生死、国家存续的高度，就是希望使执政者们都能用最谨慎的态度来对待战争之事。

军事战争的胜败，则首先取决于战争之“计”——战略规划的制定。这种最高层次的战略思考，孙子称为“庙算”。战争不再是一城一地之争，不再是精兵劲卒的血勇之战，而是站在国家政治整体诉求的高度去考量的国家战略。这种整体性的考量，在孙子兵法中被称为“五事”“七计”。

所谓“五事”，即文中所谈到的“道、天、地、将、法”。要求战略的制定，必须要充分比较敌我双方的政治社会经济环境、深入了解气候、地理自然环境、将领素质、军队建设管理、后勤保证等条件，才能做出正确的战争决策。政治、自然、人事多方面综合考虑而后全面评估，这正反映了孙子全局性的战争观念。

以“五事”为战略思考的纲领，下一步就需要对敌我双方的力量做全面的评估和对比，这些考量需要从七个方面入手，这些方面被后代的军事家们归纳为“七计”，即文中连续的七个问句——“主孰有道？将孰有能？天地孰得？法令孰行？兵众孰强？士卒孰练？赏罚孰明？”通过对比双方政治开明程度、将领能力、天时地利、法令执行效率、军队力量的装备、训练成都、军功赏罚等七个方面，进一步为战略战术的制定提供了明细考量维度。

但应该注意的是，这种对比衡量绝不是静态的，而是动态的、多维度的。在中国历史上，谈到此类宏阔的战略谋划，刘备与孔明的“隆中对”是最为著名的。其实，刘邦与韩信的“汉中对”也堪称典范。韩信拜帅后，第一次向刘邦献策，建议刘邦东进关中，以争天下。当时，项羽在各个方面都强于刘邦，但韩信的对比却更深入一层：楚军残暴、失民心；政治上失信、诸侯怀怨；作为将领项羽只有个人勇武却不能任人，有妇人之仁，却不能赏罚分明……如此种种，所以从长远看，项羽必将由强转弱。韩信这番精妙的分析，拉开了楚汉争雄的大幕，历史也正是这样发展的。这一番“汉中对”也正可谓《孙子兵法》中“庙算”的绝佳案例。

在本章中，孙子还提出了著名的“兵者，诡道也”的论断，称得上是中国传统军事智慧的集中总结。战争是残酷的，需要慎重决策，一旦通过考量“五事”“七计”，决定作战，就要面对残酷的战争。在残酷的战争中，最为重要的就是认识到战争的本质——不仅仅是以力相博，更重要的是通过智慧欺骗敌人，通过在战争中把握战机、随机应变，最终战胜敌人。孙子在书中提出了十二种机变（或称为“诡道”十二法）——“能而示之不能，用而示之不用，近而示之远，远而示之近。利而诱之，乱而取之，实而备之，强而避之，怒而挠之，卑而骄之，佚而劳之，亲而离之”。“十二法”中，前四法主要是强调对敌人的欺骗，比如故意隐藏军力示敌以弱，隐藏军事行动梦比敌人，误导敌军对敌我双方的距离产生错误判断。古代的兵法家将这四种机变称为“示形”，即通过欺骗敌人来误导敌军的决策。而后面的八法，则侧重于调动敌人的力量，从而营造出对我军有利的战略形势——以利诱敌，趁乱败敌，敌军强盛则严防死守甚至小心回避，故意激怒敌人来赢得战机，示敌以弱使敌军骄纵妄动，调动敌人使之疲惫，离间敌人以便各个击破。这十二种机变充分体现了孙子的军事智慧。而上述种种，最终被归纳为“攻其不备、出其不意”八个字。在孙子的兵家之道里，既有对战争经验的总结，也体现了中国道家有无相生、利害相倚、虚实转换的哲思精髓。“攻其不备、出其不意”八个字可谓道尽了其中的神妙。

这种系统的战略考量，高妙的战争智慧，也使《孙子兵法》成为我国军事理论史上光辉的肇始之作。本篇中所提到的兵家诡道十二法，更为后世历代兵家所推崇，并逐渐演化为“三十六计”。

“五事”“七计”“十二机变”是本篇的核心纲领，也是军事理论的主导性思想。但除此之外，文中还有很多值得关注的细节论述，颇值得今天的人们仔细体会。

比如，在谈到五事之将时，孙子指出，作为将领，要具有“智、信、仁、勇、严”五种品德。我们需要注意的是孙子列举这五种品德的顺序。吴如嵩在《< 孙子兵法 > 十三讲》中对孙子对这五德的排列顺序中蕴含的深意做了深层次的剖析。首先是“智”，《孙子兵法》中，“智”和“知”是相通的，智的问题是素质问题，而其核心是知识问题，是才能问题。再者是“信”，信就是诚信，言而有信，说到做到。《司马法·仁本》里说，成列而鼓，是以明信也。孙子之所以如此重视信的地位和作用，吴如嵩解释道：“这跟孙子所处的时代环境有密切的关系。春秋时代，新兴地主阶级在反对奴隶制的斗争中，一方面与广大军民有着相对广泛的一致性，能够一定程度地做到上下同欲。另一方面，新兴地主阶级为了培养自己的军官队伍，增强军队的战斗力，信赏明罚就成了打击奴隶制世卿世禄制度的有力武器。”比如抗金名将岳飞，精忠报国，他的名言是文臣不爱钱，武臣不惜死，冻死不拆屋，饿死不掳掠。他善于用兵，军纪严明，爱兵、爱民，因此在军队中有着崇高的威信，也得到了广大民众的拥戴。第三点是“仁”，就是仁爱，爱卒、善俘，这是团结内部统一意志的一个重要因素。“勇”一般都解释为勇敢，但作为将帅，责任在于运筹决胜，不能错下决心，丧失战机。因此，“勇”既有勇敢的意思，更有果敢的意思。对于将帅来说，“勇”应该指勇略、果断，指挥员要多谋，要善断，更要果断。最后一点是“严”，就是严格，严格训练，严格要求，严明赏罚。古人讲顺命为上，有功次之。服从命令是第一的，争取战功是次要的。军队是一种特殊的社会团体，执行的是特殊任务，将帅带兵，严字当头，以身作则，军队才有战斗力。“严”和“仁”是一对矛盾，“仁”是基础，“严”是要求，“仁”“严”统一，就能够出战斗力。这五种智慧，不仅是对军事将领的要求，今天也同样可作为领导人才的衡量标准。有智慧，才能找到解决问题的方法；有信、有仁，才能得到他人的拥护；有勇气，才能担当起责任；有严格的管理和公平，才能使团队有长远的发展。这与孔子所说的“恭、宽、信、敏、惠”，实有异曲同工之妙。

第二，虽然孙子提出在兵法作战上要用“诡道”、要欺骗、要机变，但这种种“欺诈”仅限于军事领域。在社会与国家政治的层面上，还是要以“正道”为基础，即依靠政治的清明、政策的开明，形成国家的合力，这才是战争的真正的基础。正如孙子在后文所说，“以正合，以奇胜”。换言之，战争只是外在的、结果性的，在更为本质的方面，是要以“正道”为导向，为基础的。不仅是兵之“诡”道要用政治的“正”道来支撑，在本篇中所谈的“因利而制权”的造“势”之法，其实也要有“道义”的支撑。否则，完全以利益为导向，也会陷入误区之中。试想一下，无信、无义、无共同目标、无良性竞争的团队又怎能持久呢?

第三,《孙子兵法》一书,虽然是谈论战争的,但孙子认为,最高的境界却是不争之争、不战之战。有战争,则必有牺牲;有冲突,则必有损伤。不仅是敌人,自己一方也同样会受到不同程度的伤害。如果伤害过大,固然惨胜,但这也是两败俱伤的结果。因此,对于国家而言,战事不可轻启;对于人与人的关系而言,冲突不可轻易激化。以当代的管理科学来看,共赢才是最好的结局。而能够在"不争"的情况下化解冲突,同时引导整体的局面向着有利于达成自己目标的方向前进,才是"争"的最高境界,是比"十二机变"更加高明的大智慧。而这种整体布局的艺术,在《孙子兵法》中,集中体现在"势"这个范畴的思考上,正所谓"内谋谋计,外谋谋势"。如何造势,如何因势利导,是贯穿《孙子兵法》一书的又一个重要的线索。这一点,也希望读者能够在阅读中仔细体会。

【原典】

孙子曰:兵者[1],国之大事,死生之地,存亡之道[2],不可不察[3]也。

【注释】

①兵者:"兵"的含义很广,可指兵器、军械,也可指兵卒、军队,也能译为用兵。在这里指战争。

②生死之地、存亡之道:一般译为军民或百姓的生死、国家的存亡,其实两句是互文的关系,生死与存亡都是对国家而言的。连用两个短句,就是在强调战争之事的重要性,开章明义地指出战争是可以影响到国家生死存亡的大事。

③察:观察、发现,这里指认真研究、审慎思考。

【译文】

孙子说:战争之事,是国家大事,关系整个国家的生死存亡,必须谨慎对待、审慎思考。

【原典】

故经之以五事①，校之以计②，而索其情③：一曰道，二曰天，三曰地，四曰将，五曰法。道者，令民与上同意也④，故可以与之死，可以与之生，而不畏危⑤。天者，阴阳、寒暑、时制⑥也。地者，远近、险易、广狭、死生也⑦。将者，智、信、仁、勇、严也⑧。法者，曲制⑨、官道⑩、主用⑪也。凡此五者，将莫不闻⑫，知之者胜，不知者不胜。故校之以计，而索其情。曰：主孰有道⑬？将孰有能？天地孰得？法令孰行？兵众孰强？士卒孰练？赏罚孰明？吾以此知胜负矣。

【注释】

①经之以五事：经，原意指织机上的纵线。在传统的纺织工艺中，会先布置好纵线（经），再横向编制丝线（纬）。故此“经”也引申为核心性、纲领性内容。五事，指后面所说的“道、天、地、将、法”，认为这五种情况都是谋划战争之际，需要首先考虑的五种情况。

②校之以计：校，音jiào，比较、衡量之意。计，本意为计算。不过，历代的研究者一般都认为此处的计是指后文中“主孰有道”等七件需要考虑的事情。连同前面的“道、天、地、将、法”，被合称为“五事七计”。

③索其情：索，探索、探求；情，战争胜负的情形。

④民与上同意：上，指国君，今或理解为执政者、政府；同意，上下心意相同，愿望一致。

⑤而不畏危：畏，害怕。此句指民众与执政者齐心作战，同生共死，不畏惧危险。在银雀山汉墓出土的竹简本《孙子兵法》（以下简称为“汉简本”）中，此句为“民弗诡也”，有学者将“诡”解释为“违抗”，认为这一句的意思是民众不会违抗命令逃避战争。

⑥时制：指春夏秋冬四季更替，气候变化。

⑦地者，远近、险易、广狭、死生也：指作战需要了解的各种地理要素。汉简本在远近之前还有“高下”二字。远近，路途

的远近；险易，地势的险峻与平坦；广狭，战场的开阔还是狭窄；生死，生地还是死地，这里暂时翻译成“是否方便军队进攻、撤离”，更准确的含义可以参看后面的《九地篇》来理解。

⑧将者，智、信、仁、勇、严也：指将帅要有智慧、赏罚有信、关爱士卒、勇敢，且治军要严明。古代学者很关注这五者之间的内在关联。譬如，如果没有智慧的考量，片面强调信则不知变通，片面强调仁爱则会变得软弱。只有思考，却没有勇敢果决之心，就会在犹豫中丧失战机，而没有仁爱之心，则治军可能失之于严酷。故此，这五者是紧密联系在一起的，不可缺失。

⑨曲制：曲，部曲，古代的军队编制单位。古制一军分五部，部下设曲，所以用部曲来代指军队。此处的曲制指军队的组织制度。

⑩官道：将领的统辖管理，各级将官的职责划分的办法。

⑪主用：军需、军械等战备物资的供应和管理。

⑫将莫不闻：闻，知道。主将不能不知道，即主将必须深刻理解上述各项。

⑬主孰有道：孰，谁的。此句的意思是指对战双方谁的君主更贤明，更有政治智慧。此句与后面的“将孰有能？天地孰得？法令孰行？兵众孰强？士卒孰练？赏罚孰明？”等六个分句，被后世的军事研究者并称为“七计”。

【译文】

所以，以（下面）五个方面为纲领，仔细地探究比较（敌我双方的各种条件），来审慎探讨战争胜负的情形：一是“道”，二是“天”，三是“地”，四是“将”，五是“法”。所谓“道”，就是要使民众与君主上下一心，（这样，民众）才能与国家（或君主）同生共死，不怕危险。所谓“天”，包括日夜、晴雨、寒暖、季节变换等气象因素。所谓“地”，包括路途远近、地势险隘平坦、是否方便进退等条件。所谓“将”，要具备智慧、诚信、仁爱、勇猛、严明等素质。所谓“法”，是指军队的组织、将官职责（划分）、军需军械供给管理等方面。这五个方面的情况，将领不能不知道。（只有）深刻理解的才能取胜，不知道的就会失败。所以，要仔细地探究比较（敌我双方的各种条件）来审慎探讨战争胜负的情形。（所以）说：哪一方的君主更加清明？哪一方的将领更有才干？哪一方拥有更好的天时地利？哪一方的军纪更加严明？哪一方的兵力更加强大？哪一方的军卒更加训练有素？哪一方更加赏罚分明？我通过分析比较这些因素就能够预见谁胜谁负了。

【原典】

将听吾计[①]，用之必胜，留之；将不听吾计，用之必败，去之[②]。

【注释】

①将听我计：此句的“将”字学者有三种解释：一是副词，将要、假如。则本句可译为：假如听从我的计谋。二是领军之将领，则本句可译为：领军将领听从我的计谋。三是指吴王阖闾，因为孙武是将兵法献给吴王的。即本句可译为：吴王听从我的计谋。本书选择第一种解释。

②去之：离开。

【译文】

假如听从我的计谋，用兵作战就会取胜，我就留下来；若是不听从我的计谋，打仗就会失败，我将会离开这里。

【原典】

计利以听[①]，乃为之势[②]，以佐其外[③]。势者，因利而制权[④]也。

【注释】

①计利以听：以，通“已”。听，听从，采纳。

②势：形势、态势。

③以佐其外：佐，辅助，强化。外，外部的行为，与己方战略战术的谋划相对，此处应指具体而有形的军事部署、军事行动。

④因利而制权：根据是否有利，制定相应的措施。权，本意为秤锤、秤砣，因为会随着称量物品重量的不同而随时移动位置，所以，有了机变、机动的引申义。

【译文】

分析得失利害，有利于战争的策略被采纳以后，就要营造（有利的）态势，来辅助军事行动的展开。营造“态势”这件事情，就是指根据具体的情况而做不同的安排。

【原典】

兵者，诡道[①]也。故能而示之不能，用而示之不用，近而示之远，远而示之近[②]。利而诱之，乱而取之，实而备之[③]，强而避之，怒而挠之[④]，卑而骄之[⑤]，佚[⑥]而劳之，亲[⑦]而离之。攻其无备，出其不意。此兵家之胜，不可先传[⑧]也。

【注释】

①诡道：指战争中带有欺骗色彩的、灵动机变的战术。

②能而示之不能，……远而示之近：这四句被古代的兵家称之为“示形”，即掩饰真实的情形，欺骗敌军。

③实而备之：实，指敌军兵力充足。备，防备。本句可译为：敌方具有实力，则需严加戒备。

④怒而挠之：挠，骚、抓，扰乱。此句有两种解读：一是敌将偏激易怒，则骚挠他们。二是敌军士气旺盛，则避其锋芒，通过骚扰等手段，待其士气衰落懈怠，再进行攻击。

⑤卑使骄之：卑，谦卑、低下姿态；指通过示敌以弱，来使敌人骄傲。关于此句，还有另外一种解释，即敌人很小心、谨慎，这时就要使敌人骄傲放纵起来，才能使敌人露出破绽。以上两种解释都有合理之处。虽然具体的做法不同，但其中贯穿的思想是一致的，即诱导敌人放松警惕，从而创造出战机。

⑥佚：同“逸”。指敌人的军队休整充分，军力强盛。

⑦亲：指敌军各部队之间关系和睦、配合紧密。

⑧传：表达、讲明、说明。

【译文】

战争之事，以欺骗（敌人）、机变为原则。有能力，却要示敌以弱；有调动军队（的行动），要装作没有行动；（进攻）距离近的，要伪装成很远；距离敌人较远，却要伪装成可以快速接战的情形。贪利的敌人要诱惑他们；混乱的敌人要趁乱而攻取；敌人部署没有弱点则（我方）应严加戒备（不可松懈）；敌人士气强盛则避要其锋芒；敌军（将领）偏激易怒（或士气正盛），就要不断骚扰，（使之举措失当）；可以显示出弱小卑下的态度，使敌军骄傲松懈；对于休整充分的敌人，要使之疲惫；对于内部和睦、紧密配合的敌人，要离间他们。在敌人没有防备的时候进攻，在敌人意料不到的情况下进攻。这就是战争取胜（的妙诀），这些是不能预先说明的（必须在战场上随机应变）。

【原典】

夫未战而庙算①胜者，得算多②也；未战而庙算不胜者，得算少也。多算胜，少算不胜，而况于无算乎？吾以此观之，胜负见③矣。

【注释】

①庙算：庙，指庙堂，即太庙与明堂，引申为朝廷。古人确定谋划国家大事，必然会在太庙、宗庙上祭告先祖，并在明堂中商议。庙堂是古代国家大计的制定之所，故此被引申为朝廷。所以，本文中的“庙算”，指的是国家最高层对于战事的战略决策与整体筹划。

②得算多：算，名词，本意为计算用的筹码，这里指有利于胜利的条件。得算多，指在战前的谋划中，掌握的有利条件多。与后文中“多算胜”中的“算”不同，后者指的是计算、谋划。

③见：同“现”，显露、显现。

【译文】

在战争之前的国家层次的战略谋划中预计可以取胜，是因为谋划中掌握的有利条件多；谋划中预料到难以取胜，是因为可掌握的有利条件少。计算详细周密，胜利的可能性就大；计算不周密，胜利的可能性就小；何况作战之前根本就不谋划呢？我通过观察这些情况，就可以预先知道胜负了。

《作战篇》第二

导读

《作战篇》紧衔《计篇》，虽云“作战”，但论说的重点却不是如何作战，而是反复讨论军资、军粮等后勤问题。很多现代的读者可能会迷惑，原因就在于，在孙子的时代，作战这个词的意义可能与今天有很大的区别。“作”字的早期意义是一个人突然站起，所以有“起来、开始工作”的意义。我们所熟知的“作息”一词中的作字就是这个意思，表示开始与休息。所以，《作战篇》，讲述的是开始启动、筹备军事行动的事情。

在定下了军政外交大计、整体战略之后，就进入了筹备军事行动的阶段。而在这一阶段，最重要的事情，是要了解战争不但比拼的是士卒的用户，也是经济上的竞争。正如在第二次世界大战中，美日之间的军事较量，也是两国之间经济能力、工业生产能力、科技水平等综合国力的全面较量。所以，孙子眼中的“作战”，不仅仅是战具的准备，而是整个国家、社会经济层面的全面准备。

在《作战篇》，孙子一再强调国家的经济是战争的基础。战争会带来巨大的损耗，故此，不可轻战；而一旦作战，就必须速战，不能久战。

为了说明战争对财力、物力、人力的巨大消耗与依赖，作者开篇就进行了详尽的说明。在文章首段作者以千辆战车的军队规模为例，对战争的消耗进行了预估。文中所言战车千辆、战马四千匹、军卒十万并不是夸张的手法。在春秋时代的中后期，战争的规模不断在扩大，很多诸侯国都拥有几千辆战车。作者通过认真地计算战争的各种损耗，实际上是在告诫各国的执政者要不要轻言战事，要看到战争是一个复杂的、综合的庞大工程，需要全方位的准备与配合。战争是一件“日费千金”的行动，所以在准备通过战争解决争端、达成目标之前，最好先确定己方是否已经做好了准备。

而即便已经做好了战争的物资储备，在真正作战的时候，也最好要争取“速胜”。战争对于国家是巨大的消耗。“其用战也胜，久则钝兵挫锐”，即便初始作战顺利，战争一旦进入僵持状态，比拼的就是国家经济的持续消耗。在考虑到战争获得的巨大利益的时候，战争的主导者也必须考虑到战争可能带来的各种伤害。战争一旦持续，首先会消耗国家经济储备，导致“国用不足”。春秋时期虽然周王室的权威已经受到旁落，但整个社会的基本组织结构仍然是贵族—庶民的基本结构。所以，各个诸侯国虽然也在逐渐建立常备军队，但是从本国的贵族家族中征发军队、征缴物资也同样是常规性的做法。所以，战争不仅会对普通民众造成影响，对于作为诸侯国政治基础的贵族之家也是巨大的消耗，即所谓“公家之费，破车罢马；甲胄矢弩，戟盾蔽橹，丘牛大车，十去其六”。

而且在春秋时期，在以农业生产为经济基础的情况下，久战还会造成持续性的影响——因征用民众而导致从事农业生产的人员不足，一旦错过耕种、收割的时节，就可能对国家经济带来持续性的伤害。

而结果，可能会导致其他诸侯“乘其弊而起”，这就是孙子所谓“兵久而国利者，未之有也”，是孙子强调“善用兵者，役不再籍”的原因。善于用兵的将领，就是那些能够速胜的将军。战事短，就不用一再地征发兵役，民众也可以得到时机修养生息。虽然《孙子兵法》一书倡导“全胜”“智胜”的思想，但是在面临久战与速战之际，作者提出，宁愿迅猛笨拙地击败敌人，也不要因为害怕军队伤亡损耗而久拖战事力图取巧。

本篇的另外一个重点，就是充分论述了军事战争中，兵器粮草等后勤物资的储备与运输，对于战争的重要影响。在这方面，孙子的论述系统而充分，而且就军事经济管理、军事行动进行中后勤保障、战利品俘虏的处理等都提出了成熟的方案。

在本文的第二个段落中，孙子重点写了战争中物资消耗最大的部分——运输。在当时的经济条件下，大规模、长途的运输，完全依靠人力与畜力。运输所占用的人力、物力，运输队伍所消耗的物资，相当巨大。正如作者所说，“食敌一钟，当吾二十钟”，换言之，军队的直接消耗与运输成本之间的成本比可能达到了 1:20 左右。这个比例并不夸张，如本文所涉及的战车，每辆战车除了配备的甲士与步卒外，还要配备多名仆役，负责甲胄、战车、军械的保养，负责战马的喂养等。有些读者可能会对这些详尽到有些重复的论述感到困惑，这是因为《孙子兵法》并不是一本单纯的战略战术教科书，而是献给诸侯国君的军事之书。其立足点是将军事作为国家政治的一个方面加以考量，所以，开篇的《计篇》与《作战篇》实际上是专为君王“说法”的内容——教导诸侯、君主们要清醒地认识到战争的实际影响，不要被虚幻的胜利所诱惑。

在《计篇》中，作者也多次写到要“因粮于敌”“务食于敌”擒获敌人的战车、士卒编入自己军队的解决方案。例如“因粮于敌”的办法，一是征集；二是抢掠，所谓“掠于饶野，三军足食”；第三就是缴获。吴如嵩在《< 孙子兵法 > 十三讲》中所列举的左宗棠收复新疆的战争，就是一个颇具代表性的战例。鉴于新疆粮食缺乏，又远离内地，交通不便，左宗棠提出了一个战略方针：“粮运两事，为西北用兵之要著，事之利钝迟速，机括全系乎此。”在作战时机的选择上，左宗棠也明确指出要等到“新谷遍野，有粮可因”，把后勤问题列为重要的战略问题。在此次战争中，粮运问题果然成了胜负的制约因素。因此，“因粮于敌”就成了清军的解困之计。1877 年 10 月，刘锦棠在库尔勒作战的时候，由于敌军劫掠秋粮后向西逃窜，致使清军的粮食匮乏。当时除了急令后方迅速运粮接济之外，还发现了敌人的粮窖，缴获了敌人十万斤粮食，从而保障了战斗的顺利进行。总之，这次战争中，清军在后勤上，既高度重视粮食的筹备和运输，又重视有粮可因的时机和条件，从而使之成为中国军事后勤史上一大著名战例。

总体来看，无论是征集、抢掠，还是缴获，这些做法，特别是在敌国的领土上劫掠，今天看来不免有些残忍，不过这也正是一切战争的残酷本质。从历史上看，这种战法的提出，正是春秋之际战争不断升级的真实写照。在西周之际，诸侯的领土均为周王分封所得，礼制尚在，所以很多战争不过是军事冲突。但到了春秋末期，周代的封建分封制度已然衰落了，诸侯国的战争变成了实实在在的领土占领乃至灭国之战，所以，战争变得更加残酷。战争的时间拉长、战争发生的领域扩大，因此，通过劫掠敌国的乡野，一方面可以低成本的筹备自己的军资，一方面还可以对敌国的经济造成持续的打击。所以，这种今天看来颇为野蛮的战术，在当时确有一定的合理性。

总体而言，春秋以降，诸侯征战频繁，正是被军事战争所带来的巨大利益所刺激，而孙子作为军事家却在兵书中冷静地指出了战争对国家的潜在危害，可谓清醒。诸侯国在制定了军事战略之后，如何具体进行战争，也绝不是单纯、简单的出兵，必须清醒地考虑自己的真正实力，一旦“国用不足”“诸侯乘其弊而起”，那么军事上的胜利反而会带来毁灭性的后果。

在军事论著中，孙子率先关注到战争经济与军事经济管理的重要性，这在世界军事史上也是划时代的。

【原典】

孙子曰：凡用兵之法，驰车千驷，革车千乘①，带甲十万②，千里馈粮③，则内外之费④，宾客之用⑤，胶漆之材⑥，车甲之奉⑦，日费千金⑧，然后十万之师举⑨矣。

【注释】

①驰车千驷，革车千乘：驰车，指轻型战车。驷，音 sì，量词，指战车的单位，古代战车由四匹马牵引。驰车千驷，即千辆轻型战车。革车，指重型战车，亦有人认为指辎重车辆。也有学者认为驰车是战车、革车是攻车。乘，音 shèng，量词，古代战车的单位。在孙子的时代，战车如同今日的坦克，是军队中的重型装备与精锐，但后人已经很难了解关于这种车战的细节了。故此，关于“驰车”“革车”，历史上有多种不同的解释。关于此节，杜牧曾转引《司马法》一书的内容作过比较详细的说明，虽然可能不一定是孙武所说之原意，但也可借此了解古代军队的一些情况。在古代的车战中，每辆战车配有穿着甲胄的武士 3 人，

跟随步兵72人，伙夫等10人，负责装备的5人，负责照料马匹的5人，砍柴打水的5人。每辆用于作战的战车其实就是一个约百人的作战单位，其中作战人员75人，后勤人员25人。有兴趣的读者可以自己设想一下，成规模的车战所需要的巨大消耗。若按“千驷”“千乘”合计，大约是10万人的大型作战集团了。此处的“千乘”和后面的“带甲十万”应当都是虚指，只是极言军队之多，物资消耗巨大。不过也有一些学者认为下面的“带甲十万”所说的就是千驾兵车的总军力。

②带甲十万：带甲，穿戴盔甲的士兵，泛指士兵众多。关于本句有两种解释。一种解释前文已经介绍了。还有一种解释，认为军队的数量是与当时的税赋等制度相关的，如学者李零就引用《管子》一书的资料，指出当时每户授田一倾，则需出一人当兵；十万军队配给轻车一千辆，每辆马四匹；则千乘战车、十万军队大致需要十万倾田地的出产才能供养。

③千里馈粮：在国外作战，千里跋涉运送粮草。

④内外之费：内，国内；外，国外。指在前方作战、后方备战的各种费用。

⑤宾客之用：接待国宾使节（外交方面）的费用。

⑥胶漆之材：泛指制造与维修作战器械的物资。胶是用来粘合的，漆是涂抹之后用来防潮的；胶漆是制作弓、盾、甲胄所必须的物资。

⑦车甲之奉：奉，供养。指战车、铠甲的花费。

⑧千金：金，古代的货币单位，若秦代，一金为一镒，约二十四两。在古代，铜也被称为金。

⑨举：发起、兴办，此处指出兵。

【译文】

孙子说：凡作战，会出动轻型战车千辆，重型战车千辆，士兵有十万之众，长途输送粮草，那么前后方的军费、外交费用、军备物资的补充、车辆盔甲的供应等，耗资巨大；（有了这样的准备）然后军队才能出动。

【原典】

其用战也胜[①]，久则钝兵挫锐，攻城则力屈[②]，久暴师[③]则国用不足。夫钝兵挫锐，屈力殚货[④]，则诸侯乘其弊而起[⑤]，虽有智者，不能善其后矣。故兵闻拙速[⑥]，未睹巧之久也。夫兵久而国利者，未之有也。故不尽知用兵之害者，则不能尽知用兵之利也。

【注释】

①其用战也胜：有些版本作“其用战也胜”，汉简本作“其用战胜”。结合下一句“久则钝兵挫锐”，则此句应该是指作战的目的在于快速地取得胜利。

②力屈：压抑、困顿。力量受到压抑，指力量疲弱。

③暴师：音 pù，指军队在外驻军、行动，蒙受风雨霜露。

④殚货：殚，音 dān，枯竭。货，财货，引申指经济。

⑤诸侯乘其弊而起：弊，衰落、疲惫。一旦陷入持久的对外战争，国内的经济枯竭凋敝，那么各方势力就可能趁虚作乱。

⑥拙速：拙，笨拙。速，快速。拙是对应于巧的，速是对应于久的。“拙速”连用，就在于强调，只要能够快速地取得胜利，“笨拙”的作战也是可以接受的。指挥得再巧妙、打得再漂亮，但是使战事久拖不决，也是没有意义的。

【译文】

这样（庞大）的军队作战，应追求（快速地）取得胜利。旷日持久的作战会使军队疲惫、锐气摧折，攻城也会乏力。军队长期在外作战，会使国家财政发生困难。军队疲弱，锐气摧折，经济困难，各方势力就会趁虚而入。（这时）再高明的人也难以解决后面所产生的危局了。所以，在用兵方面，只听说过指挥不求精巧而求速胜的，却没见过为讲究指挥精妙、打得漂亮而久拖的。长时间战争而对国家有利的事情，从古至今都没有听说过。所以，不能充分了解用兵可能带来的危害，就不能真正懂得用兵的有利之处。

【原典】

善用兵者，役不再籍[①]，粮不三载[②]，取用于国，因粮于敌[③]，故军食可足也。

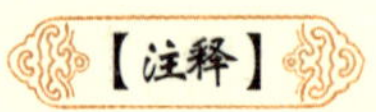

①役不再籍：役，兵役。籍，征兵名册，此处做动词，指征兵。即指在战争过程中只征集一次兵役。

②粮不三载：三，泛指多次。载，运送。粮不三载，不反复运送军粮军需。

③因粮于敌：因，依靠，或就近。因粮于敌，指从敌人手里夺取军粮军需。

【译文】

善于用兵的人，兵员不多次征发，粮饷不再三运送，军备物资在国内准备，粮草补给在敌国补充，这样军粮供给就能充足。

【原典】

国之贫于师者远输[①]，远输则百姓贫[②]。近于师者贵卖，贵卖则百姓财竭[③]，财竭则急于丘役[④]。力屈、财殚，中原内虚于家。百姓之费，十去其七；公家之费，破车罢马[⑤]；甲胄矢弩，戟盾蔽橹[⑥]，丘牛大车，十去其六[⑦]。

【注释】

①国之贫于师者远输：国家因军事行动而贫困的原因，就在于军粮军需的远距离运输。

②远输则百姓贫：如果长途运输粮草军需，国民就会贫穷。需要注意的是，早期的百姓并不完全指普通民众。在孙子的时代，贵族才有姓、氏，直到汉代以后，百姓才成为民众的通称，所以，有些学者认为百姓即百官；不过，今天我们不妨把百姓理解为普通国民。在古代社会中，粮草的长途运输耗资巨大。《管子·八观第十三》有这样的记载：“粟行于三百里，则国毋（无）一年之积；粟行于四百里，则国毋（无）二年之积；粟行于五百里，则众有饥色。”军粮沉重，且军粮的运输需要大量的民夫、牲畜，不但耗费物资，而且可能影响到粮食的耕种，这些都是军事行动的

潜在的重大的影响。

③近于师者贵卖，贵卖则百姓财竭：军队驻地附近的物价会上涨，物价上涨则“百姓”就会贫困。这句话有两种理解：其一、军队驻扎，物资会供不应求，会引发物价的上涨，导致普通民众的生活困难。其二、第二句中的“百姓”两字为衍文，即后人所加；汉简本此处只缺四个字，所以此处应该是“贵买则贫”。若按此，则本局的意思就变成了“因为物价上涨，所以采购军需就需要更多的投入，所以国家就会贫穷”。但无论是哪种解释，都是指军队耗资巨大。

④财竭则急于丘役：丘，古代的地方税赋单位，大约10平方公里大小。丘役：按照“丘”为单位征发人丁、牲畜、物资，又称为“丘甲”“丘赋”。古制大约900亩为1井，16井为1丘，4丘为1甸。按杜牧的注释，每“丘”需要提供的赋役数量大约为：马1匹、牛4头、车1辆、战车武士3人，步卒72人。这句话的意思是，如果战争持续时间很长，就不得不增加税赋。

⑤百姓之费，十去其七；公家之费，破车罢马：公家，指王室诸侯；百姓之意参见上文所注。百姓与公家并举，可理解为举国上下。罢，音pí，疲惫。破车罢马，指车辆损坏、马匹疲惫。

⑥甲胄矢弩，戟楯蔽橹：甲，护身的铠甲；胄，头盔；矢，箭；楯，音dùn，同“盾”，蔽橹，用来遮蔽的大型盾牌。

⑦丘牛大车：丘牛，大牛。本句指用牛牵引的辎重车辆。

【译文】

国家因军事行动而贫困的原因就在于军粮军需的长途运输。长途运送，百姓就贫困。军队驻地物价飞涨，物价飞涨会使社会的财力枯竭，财力枯竭就会加重税赋。军力耗尽、财力枯竭，国内人人困顿。社会的财富消耗了十分之七。国家的财富，也因车辆损耗、战马疲病而损失；盔甲、兵器、军械、辎重车辆，也大半耗损了。

【原典】

故智将务食于敌[1]，食敌一钟[2]，当吾二十钟；萁秆一石[3]，当吾二十石。

【注释】

①务食于敌：务，力争。食，军粮。务食于敌，在敌国解决军粮问题。在敌国境内解决粮食问题，不仅可以解决军队的需求，而且可以避免国内军需运输带来的大量损耗。

②钟：古代的容量单位。春秋时期，齐国公室的公量，一钟约六十四斗。

③萁秆一石：萁，音 qí，同“萁”，即豆秸，主要指饲料。石，即是中国古代的容量单位或重量单位，一石约四斗或一百二十斤。

【译文】

所以，高明的将领，会力争在敌国境内解决粮草供应。夺取敌国一钟的粮食，相当于从本国运来二十钟；夺取敌国饲料一石，相当于从本国运来二十石。

【原典】

故杀敌者，怒也[①]；取敌之利者，货也[②]。故车战，得车十乘已上，赏其先得者[③]，而更其旌旗，车杂[④]而乘之，卒善而养之，是谓胜敌而益强。

【注释】

①故杀敌者，怒也：怒，激励士气。本句指，要使士兵奋勇杀敌，就必须要使士兵士气高昂。

②取敌之利者，货也：货，财物，指予以财物的奖励。这句话的结构与上句相同，指要使士兵努力缴获敌人的物资财货，就必须基于财物的奖励。

③得车十乘已上，赏其先得者：十乘，十辆战车。句意为：缴获战车十辆以上的，要赏赐那个首先夺得战车的人。

④杂：混编。

【译文】

要使士兵杀敌，就要激励军卒；要夺取敌人的军需物资，就必须给予士卒财物奖励。所以车战时，凡缴获战车十辆以上的，要奖赏最先夺得战车的士卒，并将车上的旗帜更换（为我军的），将其混编到我军的车阵中；安抚善待俘虏（为我所用）。这样，不但会战胜敌人，还会使自己日益强大。

【原典】

故兵贵胜，不贵久。

故知兵之将，生民之司命①，国家安危之主也。

【注释】

①司命：古代星宿名，引申为掌握命运者。

【译文】

所以，用兵贵在取得胜利，不宜久拖。

所以，深知用兵之法的将领，是民众命运的掌握者，也是国家安危的主宰者。

《谋攻篇》第三

导读

本篇名为“谋攻”，首先所说的却是“不攻”才是真正的兵法之上上、大功之赫赫者。这种立足“全胜”、谋求“不战而屈人之兵”的战争思想，可以说是军事思想的最高境界了。

在孙子眼中，战争，是立体的，是国家的整体性战略，绝不仅仅是只发生在战场上。战场之外的国家政治、外交领域，同样也存在激烈的博弈。而这一博弈的结果，可能比军事行动的结果更加重要。即所谓“上兵伐谋、其次伐交、其次伐兵，其下攻城。”国家战略的长期贯彻，政治外交的合纵连横、军事优势力量的持续保持都是更高层次的“战争”。只有不通过战争手段，通过军事态势的营造、通过谋略，使敌人陷入到不得不屈服的情境中，才是军事艺术的最高境界。

这里的伐谋，历来为兵家所重视，如曹操就曾经注释：“敌始有谋，伐之易也。”也就是在敌方刚刚开始谋划的时候，就能够料敌机先，预加防范，这才是最上之策。这种境界强调将一切危险化解消弭于其未成型之际，故此，这种高明的战略是无形的，也自然难于载著史册。但是在春秋之际，伐交之记载却不绝如缕。如春秋之际，晋国想攻打齐国，为了提前探听齐国的形势，晋平公派出了大夫范昭出使。在酒宴上，范昭借酒醉故意提出一些违背礼制的主张，如借用君主的酒具、要求乐师演奏天子之乐，但都被察觉了。范昭回来之后，便向晋平公汇报，齐国有贤臣良士，上下和睦，不宜进攻。这个典型的伐交案例，被唐代诗人杜牧写进了孙子兵法的注释中。

而伐兵、攻城，这种以短兵相接来取得战争胜利的方法，在孙子眼中便已落下乘了。伐兵，指的是野战，有别于攻城。春秋中后期，随着经济的发展，也随着周王室的逐渐衰弱，诸侯之间的争端日益激烈；各个诸侯国、卿大夫们为了保护自己的封地，开始大量修建城池。所以，除了两军列队而战外，攻城逐渐成为了战争的另外一个主题。但在春秋之际，攻城战仍然是一种牺牲巨大的作战方式。当时的攻城作战无非是强攻城门、修建土坡漫道直冲城头和利用云梯蚁附攀爬三种方式。这三种方式，不但会造成巨大的军队伤亡，而且耗时很久。在本章中，孙子就指出："修橹轒辒，具器械，三月而后成，距闉，又三月而后已。"换句话说，攻打规模巨大的城池，可能会耗时半年之久。也有学者据此认为，这种作战模式正反映了春秋时期的战争形态，可以作为孙子兵法确实成书于春秋末期的一个佐证。因为到了战国时期，攻城作战已经成为了战争中的常规战法，耗时数月乃至经年的围城之战已经很少见了。

对于这种不得不打的战争，孙子再次提出了五个为上——"全国为上，破国次之；全军为上，破军次之；全旅为上，破旅次之；全卒为上，破卒次之；全伍为上，破伍次之"。五个"为上"，简而言之，仍然反映了孙子对于战争的警惕——战争是最终的、不得已之际才能采用的解决手段；战争是残酷的，不可轻易言战。所以，孙子的不攻之战、全胜的思想，除了一种全局的大战争哲学外，还有一种仁念藏于其中。

不过，警惕战争却不畏惧战争，这是孙子兵法的另一个侧面。本篇的后半部分就充分展示出孙子对用兵、御将之道的深刻理解。本篇的名言"知己知彼，百战不殆"，正是孙子这种立体战争、全谋全胜思想的精辟表述。

在本篇中，孙子提出了"十则围之、五则倍之""少则能逃之、不若则能避之"等用兵之法。这种思想的高明之处就在于不对敌我双方力量的评估与运用做简单、静态的数量比较，而是将整个战场视为动态、变化的过程。这正是后来现代战争中，运动战的精髓。不仅是敌进我退、敌疲我扰；还要在不断的运动中，创造契机，营造局部优势，集中优势兵力歼灭敌人，从而以少胜多，以局部胜利营造整体胜利。

明末的"萨尔浒之战"或许正是这种运动战思想的最好例子。

公元1619年，明神宗任用杨镐，统兵数十万，分兵四路围歼金军。当时金军只有六万军队，军力处于绝对的劣势。但开战之初，努尔哈赤就掌握了明军的战略计划，利用明军四支军队不能协同的弱点，集中优势兵力，率先在萨尔浒击退明军的西路主力，然后逐个击败北路、东路明军。此战之后，后金在辽东战场上彻底掌握了主动权。在世界军事史上，类似的例子还有很多。

准确把握敌人的分布、攻势，准确判断出敌人的部署，始终保持在局部战场上，用自己的优势兵力进行压制，不断消灭敌人的有生力量，就是这种运动战的精要思想。而实现这种效果，首先要做到的就是知彼，只有对敌人的深入了解，才能做出准确的判断。所以，在谋攻之始、用兵之初，能够做到知彼，才能够做到制敌先机。

如何用兵，是将领在谋攻之际应该明了的。而如何御将，则是君主在谋攻之际所应该理解的。只有能够做到“将能而君不御”，上下同心，才能真正取得胜利。如果君主过于自大，则很有可能使进攻中的军队进退失当、扰乱军心。

在本篇总结的五种“知胜”之道中，这最后的一点——“将能而君不御”也非常重要。历史上无数的例子都证明了这一点，远在庙堂的君主遥控战争，是一件非常危险的事情。

战国之际的长平之战就是个很好的例子。赵国当时已经丢掉了野王、上党，士气正盛，所以廉颇选择了固守长平的战略，将秦军阻挡在壁垒之外整整三年。无计可施的秦军只好用计潜入赵国诋毁廉颇，赵王中计，用只会纸上谈兵的赵括取代了廉颇，最终导致了长平之败。长平之败后，白起屠杀赵军四十万，从而彻底改变了战争的走势。

战场变化迅速而微妙，只有获得了君主的信任，将领才能真正放开手脚，做出最正确的选择。战国时期的大将甘茂就是明了这一道理的智将。

公元前308年，甘茂受命于秦武王，进攻韩之宜阳。他在进攻之前给秦武王讲了两个故事。有人告诉曾参之母，曾参杀人了。曾母对儿子很信任，丝毫不为所动。但当第三个人也来告诉曾母这个谣言的时候，曾母动摇了，越墙逃走。另外一个故事是战国时乐羊的故事。乐羊为魏文侯攻打中山国，三年才获得胜利，当他回到魏国的时候，魏文侯给他看了一个盒子，里面装满了三年来群臣怀疑、诋毁他的奏章。正是魏文侯持续三年的信任，才没有撤换乐羊，最终取得了战争的胜利。在讲了这两个故事之后，为了让甘茂放心，秦武王在息壤设台盟誓，表示会无条件地支持甘茂。甘茂攻打宜阳的战争并不顺利，宜阳是一座坚城，很难快速攻陷。半年之后，群臣就开始有了争议，秦武王也动摇了。甘茂提醒秦武王出兵之前的息壤之盟，秦武王才最终下定决心，全力支持甘茂，最终取得了宜阳。

名将难得，但有了名将还要有明主，君臣一心、军卒一心，才有制胜的可能。本篇结束那句“知己知彼、百战不殆”，蕴含甚远。知己知彼，不仅仅是要知道敌我双方力量的对比，而君知将、将知君，君臣彼此不疑、同心协力也正是“知己”环节中最重要的事情。对于孙子这位军事家而言，类似甘茂这样的将领，才是合格的。他们的眼光不仅仅局限在战场上，而能够把整个政局发展的大环境考量结合到自己的战争之谋中。

“谋攻”一篇，虽文短言少，但却指出了谋划作战前要思考的几个最重要的问题。首先，战争的目的是什么？是国家政治经济利益的达成还仅仅是攻城略地？如果要达成这个目的，条件是否成熟？是否有更好的手段，通过谋略与外交兵不血刃地实现自己的目的？而非直接对抗？其次，是否能够做到“知彼”，敌人的部署己方是否已经了然？自己的军力是否占优？或者至少能够不断形成局部的优势？而第三，则是是否能够真正信任自己所委任的将领，信任他的能力，放权给他在千变万化的战场上随机应变？只有当这几个方面都被反复思考之后，才是真正的“知己知彼”。

【原典】

孙子曰：凡用兵之法，全国为上[①]，破国次之；全军为上，破军次之；全旅为上，破旅次之；全卒为上，破卒次之；全伍为上，破伍次之[②]。是故百战百胜，非善之善者也；不战而屈人之兵，善之善者也。

【注释】

①全国为上：完备、完整的。句意为完整地使敌人投降、屈服是上策。

②军、旅、卒、伍：均为古代军队建制单位。但不同时期、不同国家各建制对应的级别与建制都不相同。在西周，据《周礼》记载，有军、师、旅、卒、两、伍等各级建制。所以，后人才用“师旅”“行伍”等指称军队的名词。在这一系列建制中，5人为伍，是最基础的军事单位；五伍为两，25人；100人或200人为卒；500人为旅；2500人为师；12500人为军。各级之间，基本上是以五为倍数的。而当时齐国管仲的军队建制与周礼有别，军为10000人，军下不设“师”，直接由5个旅构成，每旅2000人；每旅包括5个“卒”，每卒400人；每卒包括4个“小戎”，每个小戎100人。

【译文】

孙子说：一般用兵的原则，以使敌人举国屈服是上策，起兵攻破敌国就次一等；使敌全军投降是上策，打败敌人的军队就次一等；使敌人整“旅”的队伍降服是上策，击破敌人的一个“旅”就次一等；使敌人全“卒”的士兵降服是上策，打败敌人一个“卒”的士兵就次一等；使敌人全“伍”投降是上策，击破敌人的“伍”就次一等。因此，百战百胜，不是好中最好的，只有不战而使敌屈服，才算是高明中最高明的。

【原典】

故上兵伐谋[①]，其次伐交[②]，其次伐兵[③]，其下攻城。攻城之法为不得已。修橹轒辒[④]，具[⑤]器械，三月而后成，距闉[⑥]，又三月而后已。将不胜其忿，而蚁附之[⑦]，杀士三分之一，而城不拔[⑧]者，此攻之灾也。

【注释】

①上兵伐谋：上兵，最高级的兵法。伐，战斗、争夺、拼杀。

谋，谋略。

②交：外交。

③伐兵：指军队野战。

④修橹轒辒：修，修缮制造。橹，即楼橹，又称“楼车”“巢车”，是一种攻城作战的大型器械，车上竖起高高的眺望台，以观察敌情。也有人说，橹是一种大型盾牌。轒辒，音 fén wēn，古代用于攻城的大型木制战车。上蒙牛皮，下面可藏十余人，往来运土以填平敌人的城壕。

⑤具：修缮制造、准备。

⑥距闉：即距堙。闉，音 yīn，为攻城而靠近敌城所筑的土丘。既可以观察敌情、攻击守城敌军，又便于登城。

⑦蚁附：士兵攻城时像蚁群一样密密麻麻、前仆后继的样子。

⑧拔：攻破占据敌城。

【译文】

所以最高明的用兵之法是以谋略交锋并取胜，其次是以外交手段交锋并取胜，再次是出动军队便取得胜利，最下策才是攻破城池才能取得胜利。攻城是万不得已时的办法。制造攻城的大盾牌、战车，准备各种攻城器械，需要花费三个月。构筑攻城的土山垒道又要花费三个月。将帅克制不住忿怒，驱使士卒像蚂蚁一样去攀援攻城，使士卒伤亡三分之一而不能攻克，就陷入了攻城的灾难。

【原典】

故善用兵者，屈人之兵而非战[①]也，拔[②]人之城而非攻也，毁[③]人之国而非久也，必以全争于天下[④]，故兵不顿[⑤]而利可全，此谋攻之法也。

【注释】

①非战：不依靠战斗、战争，指用“伐谋”“伐交”等方式。

②拔：攻占。

③毁：汉简本作“破”，意义相近。

④必以全争于天下：一般解释为要用全胜的谋略思想去争胜

于天下。但结合上文的伐谋、伐交等手法，应该是以全方位的谋略去争胜于天下，而不能仅仅依靠战争。

⑤兵不顿：顿，通“钝”。兵不钝，指兵刃没有钝，比喻军队的战斗力未受损。这句话指军队没有损伤，但战争的利益已经获得了。

【译文】

因此，善于用兵的人，使敌军屈服而不必通过战斗，攻取敌人的城池而不必硬攻，消灭敌国而不靠久战，用全局性的谋略思想争胜于天下，军力不必损耗，却可以获得全部的利益，这就是用谋略去进攻的方法。

【原典】

故用兵之法，十则围之，五则攻之，倍则分之[①]，敌[②]则能战之，少则能逃[③]之，不若则能避之。故小敌之坚，大敌之擒[④]也。

【注释】

①倍则分之：如果自己军队的数量是敌人的两倍，仍然应该尽可能地诱使或迫使敌军分兵，进一步削弱敌军的力量。

②敌：势均力敌，指双方军队规模相同。

③逃：摆脱。

④擒：擒获。

【译文】

所以用兵的原则（是这样的）：我军数量是敌军的十倍就包围他们，五倍就攻击他们，两倍就分散敌军，彼此相当则要善于战胜敌军，数量不如敌军则要能够摆脱他们，各方面都不如敌军则要避其锋芒。所以，弱小的军队一味硬拼死守，就会被强大的敌军擒获。

【原典】

夫将者，国之辅[①]也，辅周则国必强，辅隙[②]则国必弱。

【注释】

①辅：辅助、辅佐。

②隙：疏漏。

【译文】

将帅，是国君的助力，谋划周密国家就会强大；谋划有疏漏、不周详，国家必然衰弱。

【原典】

故君之所以患[①]于军者三；不知军之不可以进而谓之进，不知军之不可以退而谓之退，是谓縻军[②]。不知三军之事，而同[③]三军之政者，则军士惑矣。不知三军之权[④]而同三军之任，则军士疑矣。三军既惑且疑，则诸侯之难至矣，是谓乱军引胜[⑤]。

【注释】

①患：以……为祸患，被危害。

②縻军：羁绊、束缚。

③同：参与，一起做某事。

④权：权变、机变，这里指军事行动时要根据战时情况制定与调整战术战略。与前一句“三军”之事比较，本句更侧重于强调战场上军队的管理、调度和指挥等问题。

⑤引胜：引，导致。我军混乱，导致敌军取得胜利。

【译文】

国君可能危害军队的情况有三种：不知道军队不可以进攻而命令其出击，不了解军队不可以退却而命令其撤退，这叫做束缚军队（的危害）。不了解军务，而干涉军政事务，军队将士就会迷惑。不了解用兵的灵活变化，而参与军队的指挥，会使将士疑虑。军队既迷惑又疑虑，各个诸侯国乘机进攻，灾难就会降临，这就是自乱其军，而使敌人获得胜利。

【原典】

故知胜有五：知可以战与不可以战者胜，识众寡[①]之用者胜，上下同欲者胜，以虞[②]待不虞者胜，将能而君不御[③]者胜。此五者，知胜之道也。

【注释】

①众寡：敌人数量的多少。

②虞：猜度、料想，引申为谋划。

③御：驾驭。上文中有制约之意。

【译文】

预知胜利的因素有五个：懂得什么条件下可战或不可战的，能取胜；懂得（敌我双方）兵多兵少（并采用不同战法）的，能取胜；全军上下一心（或有共同利益）的，能取胜；以有备之师迎击无准备敌军的，能取胜；将帅有才干而君主不干预的，能取胜。这五条，就是预知胜利的方法。

【原典】

故曰：知彼知己者，百战不殆[①]；不知彼而知己，一胜一负；不知彼，不知己，每战必殆。

【注释】

①殆：危险，引申为战败之意。

【译文】

所以说：了解对方也了解自己的，百战不败；不了解敌方而熟悉自己的，胜负的可能各半；既不了解敌方，又不了解自己，每战必然会失败。

《形篇》第四

导读

作战之前，先定计，然后筹备军资，之后谋攻，是《孙子兵法》前三篇所述。

《孙子兵法》一书，开篇从“计篇”到“谋攻”，所述的重点，其实都在战争之外。这种大局观与高度，正是《孙子兵法》不同于其他兵书之处，也正是《孙子兵法》的宝贵之处。换句话说，对于孙子而言，战争是举国之争，要从政治、经济、外交的角度全面谋划，要对敌人、对己方都有清晰的了解，才能走出赢得胜利的第一步。而如何在战场上取得胜利，则首先要理解战争的“形”与“势”，这就是接下来的两篇——《孙子兵法》中著名的《形篇》与《势篇》。这两章并没有直接论述作战的具体谋划，而是用两章的篇幅，用“形”与“势”两个字，对军事指挥的艺术进行了精辟而深入的阐释。

“形篇”之“形”字，历来解释多元。以“形”为篇名，与中国古代的哲学思想密不可分。“形而上者为之道，形而下者谓之器”。虚无缥缈的道在衍化为万物之后，就有了形迹可观察、追寻。所以，本篇所述，更侧重于对军事力量运用——战争之“形”的把握，而后面的“势”篇，则更重视对军事行动整体的动态之把握。

从这个角度看，前三篇所述以战争之“道”为核心。而自《形篇》始，固然也处处体现着孙子战争谋略智慧的整体性、系统性，但论述更加具体，更加关注与战争直接相关的内容。

“形”篇所论，可以分为三个层次。

首先，先从战争的目的出发，将胜败与攻守的关系进行了深入的剖析。在一般人心目中，攻城略地、锐不可当的进攻才是获胜的关键，但在孙子看来，完美的防守才是立于不败之地的关键。

完美的防守意味着不给敌人以可乘之机（不可胜者，守也）。防守是在战争中己方可以真正掌握的（不可胜在己）。只有完美的防守，使己方无后顾之忧，才谈得到把握战机、对垒争胜或诱敌而歼之。然而，守也并非一味避战，不是死守；守与攻是一体的、灵活变化的。防守以求不败，而后把握住战机，一次次地给予敌人重创，就能够取得真正的胜利。所以，从形态上看，防守就要做到敌人无隙可入、甚至不知进攻何处，如同“深藏九地之下”一样安全；而一旦进攻起来，却不可捉摸，如龙飞九天，不可遏制，敌人只能束手就擒。所谓“自保而全胜”说的就是这种高明的攻守之道。

其次，孙子对何谓征战之“胜”也做出了一番不同寻常的解释。众人所关注的往往是辉煌的战果，是对敌军的雷霆一击，这是要通过艰苦的战斗获得的。但在孙子眼中，这样的胜利已落下乘。真正的胜利应该是“胜于易胜”的。换言之，如果将领在战争发起之前，就已经了然全局，做好了各种应对，每一步战略都使敌人无法阻挡；兵锋所指，敌人只有束手纳降；这种“水到渠成”的胜利才是真正高明的军事家所为。“是故，胜兵先胜而后求战，而败兵先战而后求胜”说的就是这个道理——料敌机先、全盘谋划之后才开战，敌人被牵着鼻子走，所以胜利是自然而然的事情。而已经开战了，才全力谋划取胜之道，就太晚了。

第三，要想预先谋划并形成“全胜”的战争局面，就要从一些具体的角度去思考。这就是兵法中“度”“量”“数”“称”“胜”五个方面。衡量交战双方的经济条件，从经济条件推演双方的军事力量，对军事力度进行全面的比较，继而才能真正从中寻觅到必胜之道。

只有基于这样的比较，才能够形成真正正确的战略，使战争之形的发展如同瀑布飞流直下一般（决积水于千仞之溪者），取得淋漓尽致的胜利。

吴如嵩先生在《〈孙子兵法〉十五讲》一书中，以三国时期吴蜀夷陵之战为例，对《形篇》所提的军事思想做了很好的注解。公元 221 年，关羽被杀，刘备发起了对吴国的进攻。孙权一边向魏国称臣求和、避免两线作战，一边以陆逊为将，统率五万人马抵御蜀军。当时蜀军已经占领了秭归，水陆并进，顺流而下，气势正盛。陆逊没有贸然进攻，而是退守夷陵。夷陵在长江北岸，是长江由四川入湖北的咽喉要道，具有地势优势，易守而难攻。吴军控制了夷陵，蜀军就无法扩大战果，也无法再继续进攻。作为进攻一方的蜀军，自然希望速战，所以运用了各种诱敌之策，希望将吴军引出决战。但陆逊顶住了各方的压力，坚定地采取了守策。半年之间，蜀军不得寸进、无可奈何。正是孙子所言的“先为不可胜，以待敌之可胜”。此刻的蜀军已经深入吴地五六百里，又相持了七八个月，士气已然低落，这就给了陆逊反击的良机。而这次反击也是陆逊精心策划的，他先派兵试探蜀军的实力，然后根据蜀军驻扎在峡谷之中草木繁盛的情况制定了火攻的战略，还部署了多路人马，从各个角度发起攻击。所以在这次反击中，蜀军主力先被突如其来的火攻打乱阵脚，然后被切断后路。持续不断的多点攻击使蜀军溃不成军，兵力优势完全无法发挥出来，吴军连破蜀军营寨四十余座，蜀军一溃千里，数万军队被歼灭，舟船战具损失惨重。吴军一直追击到蜀国境内，才被赵云阻止。这种谋而后动、酣畅淋漓的进攻，正是孙武所言“动于九天之上”“决积水于千仞之溪”的生动写照。陆逊的守与攻，为孙子兵法的“形”篇，添加了一个完美的注释。

此外，孙子在本篇中指出的，“善用兵者，修道而保法，故能为胜败之政。”这里的“道”“法”，即是指在战争中，既要有整体的把握与高超的见识，又要在具体的层面有措施、有方法。如在本篇中，孙子提出善战者，要“先为不可胜”。而先为不可胜，则首要为藏“形”，无论是守、是攻，都要尽量不为对手所察觉。同时还要见微知著，窥破敌人之“形”，甚至无须直接作战就已经遏制对手并取胜。这种默默无闻、无须战斗的胜利，在孙子看来才是兵家之极致境界。再如，兵者之“形”应该如何把握？在法度的层面，孙子提出了“度”“量”“数”“称”“胜”五个层面的考虑，这也体现了孙子兵法整体性思维的特征，而且首次系统化地指出了国家军事建设的多层次要点。只有在整体上全方位建设军事之“形”，才能立于不败之地，一旦作战，也会如决堤之水一样不可阻挡。

【原典】

孙子曰：昔之善战者，先为不可胜，以待敌之可胜[①]。不可胜在己，可胜在敌。故善战者，能为不可胜，不能使敌之可胜。故曰：胜可知而不可为[②]。

【注释】

①先为不可胜，以待敌之可胜：可胜，可以战胜。指先使自己成为不可战胜的，然后等待敌人可以被战胜的时候。

②胜可知而不可为：结合上文的意思，本句的意思指：做好自己的周密布防、准备，就能够保证自己处于不败之地了；而进一步的胜利要等到敌方出现错误，所以，胜利是可以预测的，却不是能够完全掌控的。

【译文】

孙子说：过去善于用兵的人，会先创造条件立于不败之地，然后捕捉可以战胜敌人的战机。做到我军的不可战胜在于自己（即要掌握战争的主动权），做到战胜敌人，在于（捕捉到）敌军行动出现的破绽。因此，善于用兵的人，能够做到不被敌人战胜，但不能做到使敌人必然被我战胜。所以说：胜利可以预测，但不可强求。

【原典】

不可胜者，守也；可胜者，攻也[①]。守则不足，攻则有余[②]。善守者，藏于九地之下；善攻者，动于九天[③]之上，故能自保而全胜也。

【注释】

①不可胜者，守也；可胜者，攻也：使己方不可战胜的，是防守。这里的防守不是指简单的防御，而是要系统考虑。补充李牧的例子中 P27。

②守则不足，攻则有余：汉简本《孙子兵法》为“守则有余，攻则不足”，综合考虑文义，以“守则不足、攻则有余”为佳。结合上下文，此处的意思应该是：军事力量或条件不足的时候就防

守，军事力量或条件充分的时候就进攻。

③九地、九天：九，泛指多数。九地，指极其深密的地方。九天，泛指极高的地方。九地、九天连用，均指攻得灵动、守得严密，都是敌人无法企及的，故此敌人无法战胜我方。此句还有另外的解释，指利用一切天时地利来进行攻、守，也可讲通。本书取前一种解释。

【译文】

要避免被战胜，需要（做好）防守。要战胜敌人，就要进攻。军事力量或条件不足的时候就防守，军事力量或条件充分的时候就进攻。善于防守的人，仿佛藏在极其幽深隐秘的地下（使敌人无从窥探、无法攻击）；善于进攻的人，仿佛在高高的九天之上发起攻击（使敌人无法发现，无从防备），所以才能保全自己并取得全胜之局。

【原典】

见胜不过众人之所知[①]，非善之善者也；战胜而天下曰善，非善之善者也。故举秋毫[②]不为多力，见日月不为明目，闻雷霆不为聪耳。

【注释】

①见胜不过众人之所知，非善之善者也；战胜而天下曰善，非善之善者也：一般翻译为预见到胜利，不过是一般人的认识，不算是好中之好；力战而胜，虽然天下都称好，但也不是最好的。本文译为可以看见的胜利。这需要结合后文来理解。本段是后文“善战者之胜，无智名、无勇功”一句的铺垫。也就是说，真正高明的将领，通过前期外交、经济、战略层面的谋划，还没有出兵，就已经赢了，而若是到了要出兵作战了，要让众人看到军事行动了，就已经不算是最高明的将领了。所以，这里将“见胜”翻译成可以看见的胜利。

②秋毫：鸟兽在秋天新长出的细毛，比喻极小之物。

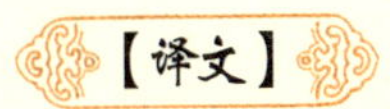

预见到胜利不超过一般人的认识，并非高明中最高明；一旦作战获胜天下都说好，也不算是最好的。就所以举起细毛不算力量强大，能看见日月不算视力好，能听见雷霆之声不算听力好。

【原典】

古之所谓善战者，胜于易胜者也①。故善战者之胜也，无智名，无勇功。故其战胜不忒②，不忒者，其所措③必胜，胜已败者也④。故善战者，立于不败之地，而不失敌之败也⑤。是故胜兵先胜而后求战，败兵先战而后求胜。善用兵者，修道而保法⑥，故能为胜败之政。

【注释】

①古之所谓善战者，胜于易胜者也：此句直译为，古代善于作战的将领，只是战胜了容易战胜的敌人。此句需要与后面的文字一起理解，隐含的意思是，真正善于作战的高明将领，总是能够营造我方必胜的局面，所以战斗的胜利看上去来得非常容易。

②忒：差错。

③措：安排、安置。

④胜已败者也：战胜了那些注定要失败的敌人。

⑤不失敌之败也：敌之败也，敌人失败的时机。句意为，不会放过敌人失败的时机。

⑥修道而保法：道与法的关系，类似于战略与战术的区别。修道，指的是更为宏观的问题，比如政治、经济、外交、军事方面的总的纲领；而法更类似于军事策划、行军调度、作战指挥等具体的军事素养。

【译文】

古代所谓善于用兵的人，总是打败那些容易战胜的敌人。所以，这些善于用兵者的胜利，既看不出智慧，也看不出勇猛。所以他们取得胜利而毫无差错；没有差错，是因为他们有必然获胜的作战举措。所以打胜仗的军队总是先有了胜利的把握才同敌人交战，而打败仗的军队总是先和敌人交战再去乞求侥幸获胜。善用兵的将领，能研究兵家之道、保全胜利之法，所以才能成为胜败的主宰。

【原典】

兵法：一曰度①，二曰量②，三曰数③，四曰称④，五曰胜⑤；地生度，度生量，量生数，数生称，称生胜⑥。

故胜兵若以镒称铢⑦，败兵若以铢称镒。

胜者之战民⑧也，若决积水于千仞⑨之溪者，形⑩也。

【注释】

①度：面积单位，指疆域大小。

②量：物产收成的计量，指物产多少。

③数：数量，根据前文，此处当指人口多寡，而古代是基于人丁数量按比例征发士兵的，所以，这里的“数”又可指军队的数量。

④称：比较。

⑤胜：指预测胜负。

⑥地生度，度生量，量生数，数生称，称生胜：此句可直译为。土地的面积决定了出产的多少；出产的多少决定了军事力量的规模，如士兵的数量；而有了这个数量就可以进行比较和测算了；而在比较和测算的基础上就知道胜负了。还有一种解释是，根据战场地形，就可以知道战场的容量，可以知道双方可以投入的军力多少，并可以进行比较，从而预测胜负。

⑦以镒称铢：镒（音 yì）和铢（音 zhū），都是古代计量单位。二十四铢为一两。二十四两为一镒，合计五百七十六铢。以镒为砝码称量铢，铢的一端会被轻易托起，比喻军队实力强弱差异极大，胜利轻而易举。

⑧战民：民，即人。所谓战民，即指挥战斗。

⑨仞：古代高度单位，一般认为七尺或八尺为一仞。

⑩形：可见的、外在的，与后面偏重于变化的“势”相比，本篇的“形”可理解为可见、可比较的军事实力。

【译文】

用兵之法：一是“度”（土地面积），二是“量”（物产多少），三是“数”（军民数量），四是“称”（比较），五是“胜”（胜负预测）。国土面积决定耕地的面积，耕地面积决定物产丰富程度，物产丰富程度决定兵员的数量，这些数量决定国家的实力比较，实力比较决定胜负。

所以胜利之师（以强大的实力击败弱小敌人），如同用镒称量铢（轻而易举）；而败军之师（以弱小的军事实力对抗强大的敌人），如同用铢称量镒（困难重重）。

实力强大的军队作战，就像在万丈悬崖上决开山涧的积水一样（不可阻挡），这就是“形”的含义。

《势篇》第五

导读

如前所述,《形篇》《势篇》是对孙子用兵之法的总括。《势篇》是前章的延续。《势篇》所述，更侧重于军事力量的具体运用、对战争中各种动态的把握与运用。在出战之际，将领们已对攻守、对如何营造兵力的优势了然于胸，而剩下的就是如何在战场上应变了。而这些，正是《势篇》要阐述的。

《势篇》的开篇，首先提出了“分数”（军队建制）、“形名”（指挥系统）、“奇正”（战术运用）、“虚实”（力量分配）四个军事力量运用的衡量维度。这四个概念之间具有一定的关联性。作战要对军队进行调遣与部署，在战斗开始之后，要根据战场的情况，灵活准确地调动各支部队迎击、侧击、围攻、撤退。要实现这些战略或战术部署，其基础就在于“分数”与“形名”，要有优秀的军队建制与顺畅的指挥系统。在古代的军事战争中，主要依靠金、鼓、旗帜与人工传令来指挥。鸣鼓则进、鸣金而退，依靠旗号来区分部队、调动军卒。故此，分数、形名就成为能否实现战术“奇正”的基础；而出兵奇正相倚，才能随心所欲地营造战场上军事力量的虚实之形，把握战场之主动。

点出这个前提之后，本篇从两个方面对何谓战争之“势”进行了论述。

首先，“奇正”之间的辩证关系是奇正相依、互相转换，倚正不败才能出奇制胜。

兵法中对于战术的“奇”与“正”的辩证关系尤为重视。最早提出“奇正”这一概念的，是道家思想的鼻祖——老子。在《老子》第五十七章中有云：“以正治国，以奇用兵，以无事取天下。”这一论断是从整个国家、社会的层面上做的论断，军事是政治之附，兵行诡诈，而治政则需合法与正义。但在军事理论领域也自有奇正，而非一味用奇。孙子在兵法中指出“凡战者，以正合，以奇胜”，将奇正理论做了进一步的发挥。在战场上、在军事领域中，也自有一种奇正。所以，不能将军事行动片面理解为用奇行险。

在战场上，“正”不仅仅指正面迎战，还具有更加广泛的所指。如以重兵守要冲，阻遏或牵制敌人主力；如举措周密、调度有序，不轻进盲动，各部分军力配合无间，不给敌人任何可乘之机。这就首先使自己一方在大局上立于不败之地。而与“正”配合的，则是“无穷如天地，不竭如江河”的出“奇”之战。作者以日月、四时、五声、五色、五味做比喻，指出军事行动的具体方法虽然有限，但是根据情况而衍化出来的战法是无穷尽的。正与奇的配合，才能达到不败而后胜的效果。

孙子所说的奇正互倚、互易的道理被后代的军事家们奉为圭臬。在兵书《唐太宗李卫公问答》中，对于奇正有过深入的探讨。当然，这部作品是否真的是太宗李世民与李靖的问答实录，大多数学者都是质疑的。一般认为这部作品是宋人委托之作。也有一些学者认为，这部作品虽然成书于宋代，但或许有一个更早的兵书作为底本。但不论如何，这部古代作品中所提到的李唐击败宋老生一战，可谓奇正战术运用的典范。

公元 617 年，李渊晋阳起兵后，率兵紧逼霍邑。霍邑的守军是隋将宋老生和两万隋军精锐。此时，李渊军队缺粮，又有传闻说突厥与刘武周将乘虚而入，袭击北方腹地。所以，尽快攻占霍邑就成为唯一的选择。但攻城战必将耗日持久，最好的办法就是将宋老生引出决战。在李建成的建议下，唐兵分兵两路，一路由李渊、李建成率领，正面挑战。一路由李世民率领，作为奇兵隐藏在侧翼。在城前，李渊、李建成故意示敌以弱——在战前，唐军便已经预料到了宋老生的反映。一方面，宋老生易被激怒；另一方面，如果任由唐军挑战而闭城不出的话，很可能因怯战而背负罪名。宋老生果然出城迎战，而唐军则不断后退，甚至李建成还不慎落马。这使宋老生感觉胜利在握，于是大胆追击。当宋老生远离霍邑城之后，李世民部果断出击，截断了宋老生的归路，前后夹击，击杀宋老生并攻克了霍邑。在这场战役中，原本李渊部为正、李世民为奇；但在建成落马后，李渊部就变成了诱敌的奇兵，而李世民部变成了助攻的正兵。正奇之间的互相转换，完美地诠释了孙武在此所说的道理。

其次，在正奇之后，孙子着重谈到了战争之“势”的营造。

首先谈的是战略之势。在战争中、战场上，把握好时机、进攻的节奏、攻击的“着力点”，这样，一旦行动起来，就如被激发的弩箭一样不可阻挡，如同湍急的水流一样可以将巨石冲走。

关于这一点，我们同样可以用隋末之际李世民的另外一场战斗来说明。公元619年，刘武周命宋金刚率三万军队南下进攻李唐，李世民在山西新绛附近的柏壁驻军防守。李世民认定宋金刚长途奔袭，不利久战，故此坚守不出。终于到了第二年的四月，宋金刚因为粮尽而退，李世民立刻全力追击。宋军无心恋战，唐军节节胜利。在追击过程中，由于推进速度过快，唐军的辎重粮草已经被远远的抛下，谋士苦谏李世民停止追击。但李世民认为，战机难得，一旦放弃，可能会前功尽弃。于是率数千骑兵连续追击了两天两夜，狂奔数百里，终于赶上宋军。唐军势如破竹，一日之内八次攻破宋军防线，歼敌过万；第二天又击破宋军九道防线，宋军终于完全溃败。李世民此战完美演绎的孙子所说的“鸷鸟之击”。静能固守三月，而一旦转入攻击，则迅如雷霆，不可遏制。

“势”的营造，在孙武看来，有两个方面。一个是择人任势，即要选择合适的人选、抓住战机咬住不放，将胜利不断扩大，直到敌军崩溃。另外一个，则是士卒之勇。战争，归根结底，还是要依靠士卒的勇武与奋不顾身才能取得胜利的，在当时的冷兵器时代尤是如此。有了勇气，才能有勇猛无畏的进攻。

当然，除了把握战机外，战场之势还可以精心营造出来，可以通过巧妙地调动敌军来营造己方之势。要善于伪装、善于示弱，即形“乱”而组织严密、看似弱小而内藏精兵；示敌以弱、以利，使敌人按照我方的意愿运动起来，这样，就如同巨木大石从山上滚落一样，不需要花费太多的力量，就使战争按照己方的设想发展下去。这些都属于战争之势营造的最高境界。

有学者指出，《形》篇与《势》篇从不同角度，将战争力量的建设与战争力量的运用的一般规律做了研究，把握了如何聚形而运势，就把握了《孙子兵法》中核心理论问题。（江贻灿《势义探微》）“关于战争力量准备的诸多范畴，诸如‘道’‘财’‘将’‘兵’‘法’‘卒’‘天’‘地’‘分数’‘形名’等，以及关于战争力量运用的诸多范畴，诸如‘虚实’‘奇正’‘专分’‘久速’‘迂直’‘攻守’‘生死’等，均由‘形’‘势’两个范畴所涵盖、所统率。”陈曦的这段话，或许是对《孙子兵法》中“形”“势”二篇出色的总结。

【原典】

孙子曰：凡治众如治寡[①]，分数[②]是也；斗众[③]如斗寡，形名[④]是也；三军之众，可使必[⑤]受敌[⑥]而无败者，奇正[⑦]是也；兵之所加，如以碫[⑧]投卵者，虚实[⑨]是也。

【注释】

①治众如治寡：治，治理、管理。众，众人。本句指管理很多的人和管理很少的人一样（轻松）。

②分数：军队的建制、组织编制等方面的事情。曹操的注释认为“部曲为分，什伍为数”。即按照一定的建制管理军队，就能够达到良好的管理效果。

③斗众：斗，战斗。本句意为——指挥很多人战斗如同指挥几个人战斗一样（得心应手）。

④形名：阵形、旌旗、号令等军队的指挥手段。

⑤必：倘若。竹简本作“毕”字，有学者将“毕受敌”解释为四面受敌，亦通。

⑥受敌：受，遭受。指遭受到敌人的进攻或遭遇敌军。

⑦奇正：奇，音 qí，出人意料，令人不测的。奇正指，正常的战术与出其不意的战术相结合。如正面进攻为正，则牵制佯攻、侧后突袭则为奇，两者要结合起来。

⑧碫：音 xiá，磨刀石，指坚硬的石头。

⑨虚实：有学者结合“以碫投卵”，将“虚实”解释为以强击

弱。但考虑到上文所提奇正是指战术的奇、正配合，这里也可以将虚实理解为将军形（军事实力）的虚实摸得清楚、配合的好。

【译文】

孙子说：一般管理庞大的军队如同管理小部队，是编制组织的问题；战斗的时候指挥大部队与指挥小部队一样容易的，是军阵、旗帜、号令等通信、指挥的问题。部队若是遭遇敌人的进攻而不失败，是各种（奇正）战术运用的好；军队临战之时，仿佛用石头砸碎鸡蛋一样（酣畅淋漓地击败敌军），是军事实力使然。

【原典】

凡战者，以正合[1]，以奇胜[2]。故善出奇者，无穷如天地，不竭如江河。终而复始，日月是也；死而复生，四时是也。声不过五[3]，五声之变，不可胜听也；色不过五[4]，五色之变，不可胜观也。味不过五[5]，五味之变，不可胜尝也；战势不过奇正，奇正之变，不可胜穷也；奇正相生，如循环之无端[6]，孰能穷之？

【注释】

①以正合：用常规战法的正面迎击。合，会和、交战。

②以奇胜：用牵制、佯攻、突袭、埋伏等非常规的战法取得决定性胜利。作者在此提出了奇正的问题，奇正之配合变化，是势篇的核心内容。

③声不过五：古代的五个音阶是官、商、角、徵、羽。作者之意是，虽然基本音调有限，但组合起来，就能够形成变化无穷的音乐。虽然作战的方式就那么几种，但是灵活运用，就会变化无穷。下面的“五色”“五味”都是说的这个道理。

④色不过五：古代的五种基本色，指青、黄、赤、白、黑。

⑤味不过五：古代的五种基本味道，指酸、咸、辛、苦、甘。

⑥环之无端：端，末端。圆环是没有末端的，比喻具体战术的采用，是随时变化，没有一定之规、不可胜数的。

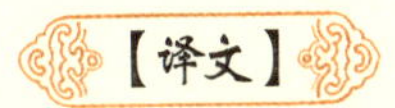

【译文】

一般作战的时候，用常规战法正面对敌，而用出其不意的战术取胜。而善于奇兵致胜的将领，（战法）无穷无尽如天地万物（不可胜数）、如大江大河（源源不绝）。（就如同）落下又升起的日月，（如同）循环重生的四季（一样无穷无尽）。乐声不过宫商角徵羽五种，搭配起来却有无数音调；色彩不过青黄赤白黑五种，搭配起来却有看不过来的色彩；味道不过酸咸辛苦甘五种，搭配起来却有尝不过来的味道。战斗的形态不过正常与出其不意的战术结合，但结合之后的变化却不可胜数。正常与特殊的战法互相结合（灵活使用），就如同循着圆环上寻找其末端，是根本无从追溯的。

【原典】

激水之疾①，至于漂石者，势②也；鸷鸟③之击，至于毁折④者，节⑤也。是故善战者，其势险，其节短。势如彍弩⑥，节如发机⑦。

【注释】

①激水之疾：激，快速的。疾，速度快。句意为，湍急水流的速度之快。

②势：有力量、有影响。结合上下文义，在兵法中的势，可以解释为态势、趋势。指通过军事行动、威慑、计谋等，形成迫使敌人按照己方预测行动的大环境。这种综合的、动态的局势，即孙子所言之“势”。

③鸷鸟：鸷，音 zhì，鹰隼之类的猛禽。

④毁折：致命的扑杀，对猎物形成摧毁性的打击。

⑤节：有人解释为距离，指距离紧，发起攻击突然；有人解释为善于把握战斗的节奏、攻击的时机，突然发动迅猛一击。结合本段最后一句，第二种解释比较合理。

⑥彍弩：音 kuàng，指弩弓被拉满待发的状态。

⑦节如发机：发机，扣动弩弓机关，激发弩箭。结合上句可知，此句是指攻击的节奏如同弩箭的击发一样适当、准确而突然。

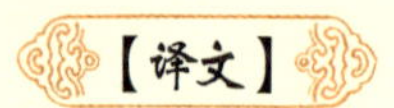

【译文】

湍急水流的速度之快，可以把石头冲得漂在水面，这就是“势”；猛禽的攻击，可以摧折猎物，这就是“节”（即突然迅猛的攻击节奏把握）。所以善于作战的人，会营造锐不可当的形态，把握节奏、时机发动迅猛一击。势就像张满待发的弓弩，节就是（把握）击发的瞬间。

【原典】

纷纷纭纭①，斗②乱而不可乱也；浑浑沌沌③，形圆④而不可败也。乱生于治，怯生于勇，弱生于强⑤，治乱，数⑥也；勇怯，势⑦也；强弱，形⑧也。

故善动敌者，形之，敌必从之⑨；予之⑩，敌必取之；以利动之，以卒⑪待之。

故善战者，求之于势，不责于人⑫，故能择人而任势⑬。任势者，其战人⑭也，如转木石。木石之性，安⑮则静，危⑯则动，方则止，圆则行。故善战人之势，如转圆石于千仞之山者，势也。

【注释】

①纷纷纭纭：形容旌旗混乱的样子。纭纭，多且乱。

②斗：战斗。

③浑浑沌沌：模糊不清，指混战中敌我双方交杂在一起，无法分辨的样子。

④形圆：一种解释是指保持好圆阵的阵型，这样就可以四面迎战。另外一种解释是指，军队的部署衔接有序、得当，所以看上去混乱，但实际上运转流畅。

⑤乱生于治，怯生于勇，弱生于强：此句也有两种解释，一种是指在一定情况下，军队的齐整会演变成混乱、勇气会演变为怯懦、强大会变成弱小，强调乱治、怯勇、弱强的相互转化。另外一种解释认为，只有指挥高明的军队才能示敌以“混乱”、勇敢无畏的军队才能示敌以“怯懦”、强大的军队才能摆出“弱小”的假象。结合后文中“善动敌者，形之，敌必从之”的意思，后面

这种解释，似乎更加准确。

⑥数：指军队的建制、管理、指挥等方面的事情。

⑦势：态势、趋势。

⑧形：呈现出来的军队的外在可感的形象。

⑨故善动敌者，形之，敌必从之：善于调动敌人军队的，是把虚假的“形象”显示给敌人，所以敌人必然按照我方的心意行动。

⑩予之：给予他们想要的东西，这样敌人一定会来夺取。

⑪卒：勇士。

⑫求之于势，不责于人：追求态势的营造，不苛求自己的下属、士兵。责，苛求。人，士兵，引申为自己的下属。

⑬择人而任势：选择合适的士兵、下属，根据他们的能力（即根据现实情况）来借助整体态势。任，本意为承担，此处指凭借、借助，有主动借助外部条件的意思。

⑭战人：指挥士兵作战。人，士兵。用法同《形篇》末段的“战民”。

⑮安：安稳，指平稳的地方。

⑯危：危险，指陡斜的地方。

【译文】

（战场上）混乱不堪，战局看似混乱但指挥要（有法度）不混乱；（战场上）敌我交错、形势不明，但能全面自如应对各种情况就能立于不败之地。指挥有序才能（用）混乱（迷惑敌人），军队士气高涨才能故意装作怯懦（欺骗敌人），力量强大才能装作弱小（引诱敌人）。有序无序，是军队组织调度的问题；勇敢怯懦，是战斗态势（营造）的问题；军队强弱，是军队实力（呈现）的问题。

所以，善于调动敌人的将领，制造假象诱骗敌人，敌人必定为其所引诱；给敌人一些想要的利益，敌人必然会接受（而被引诱露出破绽）；以利益来调动敌军，以军卒来（伏击）解决敌人。

善于作战的将领，要把握战斗的态势节奏，不苛求部属。所以能恰当地选择人选（分配任务），巧妙地根据态势而战斗。善于把握、营造态势战斗的将帅，他指挥军队作战，就像木石滚动起来一样（不可阻挡）。木头、石块自身的性质，放在平坦的地方就静止，放在险陡倾斜的地方就会滚动；方的形状容易静止，圆的形状会滚动不停。所以，善于用兵的将领所营造的战争态势，就像从高山上滚落的圆石一样（不可阻挡），这就是（战斗的）“势”！

《虚实篇》第六

导读

“兵无常势，水无常形”，大概是《虚实篇》中最著名的一句话了。这句话将战争形势的多变，兵法运用随心的神妙描写得淋漓尽致。《虚实篇》，看似继承了《势篇》继续描述用兵之法，但也可看作是《形篇》《势篇》的总结，是这两篇表述的军事哲学思想的综合运用。此篇全力揭示“虚实”的意蕴，故以“虚实”二字命题。张预曰：“《形篇》言攻守，《势篇》说奇正。善用兵者，先知攻守两齐之法，然后知奇正；先知奇正相变之术，然后知虚实。盖奇正自攻守而用，虚实由奇正而见。故次《势》。”分别概括了《形篇》《势篇》《虚实篇》论述的重心，揭示了孙子依次编撰上述各篇的内在思路。

综合孙子本篇所论，所谓“虚实”指的是军事实力的强弱优劣状况，以及针对这种状况而巧妙制造战机的作战方法与指导原则。唐太宗对本篇评价极高，《唐太宗李卫公问对》一文评价道：“观诸兵书，无出孙武。孙武十三篇，无出《虚实》。夫用兵，识虚实之势，则无不胜矣。”本篇充分揭示了战争中攻防战守、逗引埋伏的种种神妙战术。如诱敌深入——“故善战者，致人而不致于人”；攻其不备——“出其所不趋，趋其所不意”；以逸待劳——“故敌佚能劳之……安能动之”等战术，实为后世三十六计之肇源。

总体而言，在《虚实篇》中，主要详细论述了三种战术思想：一是“致人而不致于人”，也就是要善于调动敌人，掌握战斗的主动权。通过诱敌以利或攻其要害，使敌人主动或不得不按照我方的设想来运动。这样，我方欲战，敌人即使躲在“高垒深沟”之后也不得不放弃地利而出战；而我方的防守也不是消极地抵御敌人的正面进攻，而是诱使敌人判断失误而无法进攻。二是“形人而我无形，则我专而敌分”，“则我众而敌寡”，要动态看待敌我力量的多寡。或许从总体上看是敌众我寡，但只要能够做到“我专而敌分”——在局部战场上形成优势力量的攻击，而局部的胜利累积起来，就可以做到以少胜多。三是要“知战之地，知站之日”，“策之而知得失之计，作之而知动静之理，形之而知死生之地，角之而知有余不足之处”，即充分把握敌我双方的军情，随机应变，或隐匿行踪或虚张声势，这就是所谓“因敌而制胜”。上述三种战术思想看似简单，但运用得当，就可以达到“微乎”“神乎”的地步。

先看第一种作战思想，即“致人而不致于人”，善于调动敌人，掌握战斗的主动权。军事将领在战争中要想取得对敌斗争的最终胜利，就必须掌握战场上的主动权，孙子在第一段中就做了精辟的概括——“故善战者，致人而不致于人”。孙子围绕“虚实”这一范畴在本篇展开的论述，均以“致人而不致于人”为目的。为了充分拥有战场上的主动地位，孙子有提出了三种具体方法。首先是在作战之前要掌握作战空间上的主动，即“先处战地而待敌”。任何战争都是在一定的空间内进行的，而一定的空间，就是战区，它的地理特点影响军队作战的形式和战术的运用。因此，巧妙地选择和利用有利于己而不利于敌的地理环境，直接关系到主动地位的取得。取得作战地理位置上的主动权之后，还要做到先敌准备、先敌休整、先敌部署。能够做到“能使敌人自至”，亦“能使敌人不得至”，想让敌人什么时候来就让敌人什么时候来，完全掌控敌人的行踪。“敌佚能劳之，饱能饥之，安能动之”，敌人休整得好就要让他疲惫，敌人粮食充足就要让他饥饿，敌人驻扎安稳就要让他移动。然后“出其所不趋，趋其所不意”，向敌人无法提供救援的地方出兵，向敌人预料不到的方向进攻。这样就能够玩弄敌人于股掌之中，把握作战的主动权，取得战争的胜利。

其中“出其所不趋，趋其所不意”的作战策略，孙子在《计篇》中称作“攻其无备，出其不意”。在作战中，主动和被动、平衡和不平衡，除了力量的对比之外，还有心理较量。你比敌人高明，高明在什么地方？关键在出人意料。你能想到，敌人想不到，这点很重要。出人意料才能打破平衡，让形势朝有利于自己的方向逆转。《管子》中也曾指出："攻坚则瑕者坚，乘瑕则坚者瑕。"这都是避实就虚的战略指导方针和作战指导思想。吴如嵩在《< 孙子兵法 > 十五讲》中所引用的历史上著名的围魏救赵的故事就是"出其所必趋"战略的典型应用。公元前 353 年，齐军趁魏国军队攻打赵国都城邯郸久攻不下的时候，突然袭击魏国都城大梁，迫使魏军撤围回救，齐军就在桂陵截击魏军。

除此之外，要想取得作战上的主动，还要攻其所不守，守其所必攻。该方法实质上也是上述"出其所不趋，趋其所不意"的思想在作战中的具体运用。"攻而必取者，攻其所不守也；守而必固者，守其所不攻也"，进攻一定能够取得胜利，那是因为进攻的是敌人没有防守的地方；防守必然能够巩固，那是因为防守的是敌人无力攻下的地方。这是从"攻""守"的角度来论述如何取得作战主动权；"进而不可御者，冲其虚也；退而不可追者，速而不可及也"，部队前进敌人无法抵御，是因为袭击了敌人的空虚之处；部队撤退敌人无法追击，是因为行军速度很快而敌人追赶不上，这则是从在行军作战中"进""退"的角度来阐述的。如果做到这些，只要我方想要作战，即使敌人有高垒深沟，也不得不与我军作战；我方不想作战，在地上划出界限便可作为防守之地，敌人也无法同我军作战，也就是文中所说的"我欲战，敌虽高垒深沟，不得不与我战者，攻其所必救也；我不欲战，画地而守之，敌不得与我战者，乖其所之也"。

再看第二种思想，即动态看待敌我力量的多寡，善于相互转化。为什么要动态看待敌我力量的多寡呢？因为敌我力量是可以在一定条件下相互转化的，这就要充分发挥主观能共性，靠智慧、谋略取得战争的胜利。那么，如何能够发挥主观能动性呢？就要做到"形人而我无形"。"形"是暴露痕迹的意思，"形人"就是使敌人暴露痕迹，但是我军却能够隐蔽实情，不显露行迹。梅尧臣曾曰："他人有形，我形不见，故敌分兵以备我。"敌人无法掌握我军的行踪，就必须分散力量对我军加以防备，也就是"我专为一，敌分为十"，这样就能够"以十攻其一"，达到"我众而敌寡"的目的了。因此，所谓的力量多寡是相对的，"寡者，备人者也；众者，使人备己者也”。兵力薄弱，是因为分散兵力防备对方；兵力众多，是迫使对方调动兵力分兵防守自己的结果。正如张预所说：“左右前后，无处不为备，则无处不兵寡。所以寡者，为兵分而广备于人也；所以众者，为势专而使人备己也。”

第三种作战方法是要充分把握敌我双方的军情，随机应变，“因敌而制胜”。首先要做到“知战之地，知战之日”，预先了解作战的时间和地点，那么就可以奔赴千里前去与敌人交战；相反，若是不了解作战时间、地点，在作战部署中就会时时掣肘，无法应战。在这部分中，孙子再次指出“胜可为也”的作战思想，即胜利是可以通过发挥人的主观能动性来取得的。“敌虽众，可使无斗”，即使敌人数量很多，也可以通过智谋让他们无法同我军争斗。其中也同样蕴含了上文中阐述的动态看待敌我力量多寡，通过发挥主观能动性，来打破敌我力量平衡的思想。孙子还列举了吴越战争的例子来进行论证，“越人之兵虽多，亦奚益于胜败哉！”

“策之而知得失之计，作之而知动静之理，形之而知死生之地，角之而知有余不足之处”，通过分析敌情，能够了解敌人计谋的得失；通过触动敌人，可以了解敌人内部的活动；通过制造假象，侦查敌人优势和薄弱致命之处；通过对敌人进行的试探性较量，了解敌人的强弱。这样就能够做到形兵于无形，“深间不能窥，智者不能谋”，从而“战胜不复，应形于无穷”，即每次战胜敌人都是采取不同的方法，适应敌情变化而采取不同的战略需要。

最后孙子对《虚实篇》进行了总结，对制胜规律进行了科学的揭示。他用一个形象的比喻来说明行军打仗规律——“夫兵形象水，水之形，避高而趋下，冰之形，避实而击虚”。用兵作战就好比水的流动，水的流动是避开高处流向低处的；作战同样也要避开敌人的坚实之处，攻打敌人薄弱的地方。从而“因敌制胜”，就能够达到孙子所说的用兵如神的境界，“因地变化而取胜者，谓之神”。

【原典】

孙子曰：凡先处战地而待敌者佚①，后处战地而趋战②者劳。故善战者，致人而不致③于人。

【注释】

①先处战地而待敌者佚：先到达并占据战场并等待敌人到达的军队就从容。处，占据；佚，放松、舒适、安逸。

②趋战：匆忙地赶赴战场。趋，奔赴、急行。

③致：招引、使达到。

【译文】

孙子说：凡先赶到并占据战场等待敌人（进攻）的军队就从容、安逸，后期到达战场、急速行军匆忙应战的就紧张、劳顿。因此善于作战的将领，总是设法使敌人运动而自己不为敌人所调动。

【原典】

能使敌人自至者，利之也；能使敌人不得至者，害之也[①]。故敌佚能劳之，饱能饥之，安能动之。出其所不趋[②]，趋其所不意。行千里而不劳者，行于无人之地也。攻而必取者，攻其所不守也；守而必固[③]者，守其所不攻也。故善攻者，敌不知其所守；善守者，敌不知其所攻。

微[④]乎微乎，至于无形；神[⑤]乎神乎，至于无声，故能为敌之司命[⑥]。

【注释】

①能使敌人不得至者，害之也：能够让敌人无法到达的（目的地），是使敌人受到危险。

②出其所不趋：汉简本《孙子兵法》此句为“出其所必趋”。按“不趋”之意，指行军出战的路线是敌军所无法到达的，才能出其不意地攻击。按“必趋”之意，指要攻击敌人必然要营救的敌方。结合下一句“行千里而不劳”“行于无人之地”来看，则“出其所不趋”更为合理。

③固：坚固，牢不可破。

④微：微妙。

⑤神：神妙。

⑥司命：星名。文昌的第四星，引申指命运的掌握者。

【译文】

能使敌人主动运动过来的，是以利诱敌；能使敌人不能到达预定地域的，使敌人（担心危险）而放弃（进军）。所以，敌人安逸，却能想方设法使它疲劳；敌军饱食，可以设法使之饥饿疲惫；敌人固守驻扎，可以设法使之运动起来。向敌军无法（或没有）抵达的地方行军，从敌人意想不到的敌方进攻。行军千里而不劳顿，因为走的是没有敌军的地方；进军就一定能攻占，是攻击敌人不设防的地方；防守必然牢固，是防守在敌人无力进攻的地方。所以善于进攻的，使敌人不知道防守哪里；善于防守的人，使敌人不知向何处进攻。

微妙呀，微妙呀，到了看不出形迹的水平；神妙呀，神妙呀，达到了没有任何动静的地步，所以才能成为决定敌人命运的人。

【原典】

进而不可御[①]者，冲其虚也；退而不可追者，速而不可及也。故我欲战，敌虽高垒深沟，不得不与我战者，攻其所必救也；我不欲战，画地而守之[②]，敌不得与我战者，乖其所之[③]也。

【注释】

①御：防御。

②画地而守之：在地上划线来防守。比喻不做任何防御手段，直接驻扎。

③乖其所之：改变了敌人前近的方向。乖，背离、违反，引申为引诱敌人改变本意。之，往、前往。

【译文】

进攻，而敌军无法抵御的，是攻击到了敌军空虚的敌方；退却，但敌军无法追赶的，是行动迅速敌军追不上。所以我想交战，敌人即使有坚固的工事，也必须（出来）与我军交战，因为进攻的是敌人必然要援救的地方；我不想交战，虽然不建立任何工事就驻扎了，敌人却也无法进攻，因为（敌人）被（我军）诱导，改变了其进攻的方向。

【原典】

故形人[①]而我无形，则我专[②]而敌分；我专为一，敌分为十，是以十攻其一也，则我众而敌寡；能以众击寡者[③]，则吾之所与战者约矣[④]。吾所与战之地不可知，不可知，则敌所备者多；敌所备者多，则吾所与战者寡矣[⑤]。故备[⑥]前则后寡，备后则前寡，备左则右寡，备右则左寡，无所不备，则无所不寡。寡者，备人者也；众者，使人备己者也。

【注释】

①形人：使敌人显露出行迹。形，样子，这里做动词，使……显露形迹。

②专：聚集。

③则我众而敌寡；能以众击寡者：竹简本《孙子兵法》作"则我寡而敌众，能以寡击众者"，敌我双方的众寡完全颠倒。一般学者认为，竹简本传抄有误。

④约：束缚，指有限的，少的。

⑤寡：少、缺少。与上文的"约"类似，均指兵力薄弱。

⑥备：防备、防御。

【译文】

所以暴露敌军的形迹而不显示我军的形迹，那么我军集中起来而敌军分散。我合兵一路，敌军分为十路；所以（我军）是用十倍兵力攻击其中一路，所以我军强大敌军弱小；用强大攻击弱小，所以我军击败的敌军是有限的。我军要进行作战的地点敌人无法了解，因为不了解，所以敌军处处都要防备。敌军要处处防备，我军进攻时（所面对的）敌军就很少了。所以，防备前面，则后面兵力薄弱；防备左路，则右路兵力薄弱；防备右路，则左路兵力薄弱。各处都要防守，则各处都兵力薄弱。兵力薄弱，是（消极）防守的一方；兵力众多，是（因为能够）调动对方（分兵）防守自己的军队。

【原典】

故知战之地，知战之日，则可千里而会战。不知战地，不知战日，则左不能救右，右不能救左，前不能救后，后不能救前。而况远者数十里，近者数里乎？

以吾度[①]之，越人[②]之兵虽多，亦奚益于胜哉？[③]

故曰：胜可为也。敌虽众，可使无斗。

【注释】

①度：音 duó，推测、判断。

②越人：越国的军队。春秋之际，越国与吴国之间经常互相征战，故此，孙武对吴王讲说兵法的时候，将越国当做敌国来描述。

③亦奚益于胜哉：也又有什么有助于胜利的呢？奚，疑问词，有何。

【译文】

所以了解交锋的区域、作战的日期，然后就可以千里突袭展开攻击。不知道作战的地区、时间，那么左路无法救援右路，右路无法救援左路，前军不能援助后军，后军不能援助前军。更何况（作战之时）军队之间远的相隔数十里，近的也有数里路的距离呢？

在我的谋划中，越国的军队虽然多，但又有什么有助于胜利的呢？

所以说，胜利是可以取得的。敌军虽多，但可以使之（处处分兵）无法全力与我军作战。

【原典】

故策之而知得失之计[①]，作之而知动静之理[②]，形之而知死生之地[③]，角之而知有余不足之处[④]。故形兵之极[⑤]，至于无形；无形，则深间[⑥]不能窥，智者不能谋。

【注释】

①策之而知得失之计：经过反复分析、决策，就能够知道双方军力的对比、输赢之后的得失。策：谋划、反复思考。

②作之而知动静之理：与敌军接触、调动敌军，就知道敌军行动的规律。作，兴起，行动，指调动敌军。

③形之而知死生之地：根据敌人的军阵、阵型，了解地形的情况。形：外在的形态，也可以指使敌军显露出形态来。也有学者将之解释为，显示我军的形态，引诱敌军，从而知道地形的情况。但似乎与前一句有重复，故此不采取后一种解释。

④角之而知有余不足之处：与敌人小规模战斗，才能了解敌我双方军力的具体差距。角，较量。

⑤形兵之极：部署、指挥军队最高明的状态。形，动词，显露、呈现出形态来。

⑥深间：隐藏很深的间谍。

【译文】

所以谋划就知道得与失，调动敌人就知道敌人的活动规律，观察敌军的阵型能够了解地形的情况，小规模战斗可以知道敌我军的长处与短处。所以，用兵的形态最高明的水准，是没有可察觉的行迹；没有行迹，那么敌人的间谍就无从窥探，敌人的谋士就无从推断。

【原典】

因形而错胜于众[①]，众不能知；人皆知我所胜之形[②]，而莫知吾所以制胜之形[③]；故其战胜不复[④]，而应形[⑤]于无穷。

【注释】

①因形而错胜于众：根据敌情变化而（不断变化取得胜利），并将胜利摆在众人面前。因，根据。错，同“措”，放置。

②所胜之形：取得胜利之际的形态。

③制胜之形：预先谋划、灵活运用战法从而形成最终胜利之

际的形态。结合前文所述，正是依靠前期的预先谋划、有计划地诱导敌军行动、分兵，隐藏我军的真正力量与意图，才能最终发起雷霆一击。所以大家所看到的只是最后的胜利，却看不到前期各种神妙的谋划与布置。最后的瞬间，即“所胜之形”，而前期种种，则是“制胜之形”。

④复：重复。

⑤应形：根据具体的情况（而随机应变）。应，相应。

【译文】

根据具体的敌情而随机应变（不断取得胜利），将这种胜利展现在众人面前，众人也无法知道其原因。众人只能了解我军胜利时呈现出来的形态，却不知道我能够取胜的根本形态。所以，战胜的方法没有重复的，（用兵的形态）应该随实际的变化而变化无穷。

【原典】

夫兵形象水[①]。水之行，避高而趋下；兵之行，避实而击虚。水因地而制流，兵因敌而制胜。故兵无常势，水无常形；能因敌变化而取胜者，谓之神。

故五行无常胜[②]，四时无常位[③]，日有短长[④]，月有死生[⑤]。

【注释】

①兵形象水：指挥军队作战的形态就像流水一样。

②五行无常胜：五行，即金、木、水、火、土。古人将五行视为构成世界的基本元素。这五种元素之间存在着“相生”与“相胜（或相克）”的关系。即木生火、火生土、土生金、金生水、水生木；而反过来，又有金克木、木克土、土克水、水克火、火克金。这样，五种元素没有那一种是出于支配性的绝对地位的。用此来比喻，没有哪一种兵法、战术是可以保证常胜不败的。

③四时无常位：四时指春夏秋冬，四季循环，没有哪一个季节是固定不变的。

④日有短长：白天的时间夏天长、冬天短。

⑤月有生死：一月之间，月亮有盈有亏，也是在不断变化的。

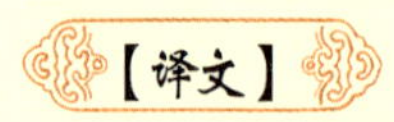

那用兵的形态（或方法、规律）就应该和水一样。水的流动，自高而下；用兵的方法，避开有实力的敌军而攻击其虚弱之处。水因地势而改变流向，作战因敌军的形势而（不断变化）采取相应的对策，并取得胜利。所以，用兵没有固定的套路，流水没有一定的形状；能够根据敌人的变化而采取对策取得胜利的，才是真正高明（的将领）。

五行（金木水火土）相生相克，没有谁是绝对的胜利者；四季彼此更迭，白天的时间有长短，月有盈亏变化。

《军争篇》第七

导读

《孙子兵法》十三篇中，《军争篇》可以看做是全文的一道分界线：自《计篇》而至《虚实篇》六篇，充分讨论了军事理论与战争哲学；而自《军争篇》开始，则转入了一系列具体问题的探讨。民国时期的刘邦骥认为："此一篇，论两军争胜之道。庙算已定，财政已足，外交已穷，内政已敕，奇正之术已熟，虚实之情已审，即当援为将者以方略，而从事战争矣。"陈启天认为："本篇以前，如《计篇》《作战篇》《谋攻篇》《形篇》《势篇》《虚实篇》等篇，皆泛论尚未实行战斗前之要务，必须预为讲求者。自此以下各篇，乃分论关于实际战争之各事，临敌决胜必须注意者。"由此可知，此前六篇探讨的是较为抽象的军事理论问题，自此之后则进入到实战问题的研究。

"军争"即两军争利，本篇所言，主要是如何通过用兵而取得战争的先机，故此才以"军争"为本篇的篇名。具体来说，本篇论述的是中心是行军，探讨军队在行军过程中如何利用行军争夺先机，顺利到达预定战场，取得作战的胜利。所谓用兵，即军队的调遣指挥。在真实的战斗中，谁先进入战场，谁就会取得先机，从而进一步掌握战争的主动权。所以，看似简单的军队调动，可能在实际的战争中起到决定胜负的作用。

孙子开篇便简明扼要地指出了军争的难点所在——"军争之难者，以迂为直，以患为利"。两军获取先机的难点，在于把看似迂回的道路变得近直，把祸患转变成便利。那么如何能够做到这一点呢？首先，要把握好迂回与直进的辩证关系，"迂其途，而诱之以利"，故意走迂回曲折的小路，并用小利引诱敌人转移方向，这样才有可能做到后发先至，达到"以迂为直，以患为利"的效果。

值得一提的是，在本篇中，孙子并没有一味强调“军争”的好处，而是全面地分析了“军争”的利弊所在——“军争为利，军争为危”。那么，什么时候两军相争是有利的？什么时候又是有害的呢？孙子进一步论述：“举军而争利，则不及；委军而争利，则辎重捐。”“举军”是说带着全部的物资装备，而“委军”则是指丢下物资装备；如果“举军而争”的话，整个军队可能就会因为行动缓慢而不能及时到达作战地点，但若“委军而争”的话，那么则会亏损掉丢下的物资装备。

孙子指出，要想争利，需要了解军队士卒负重行军的实际情况。吴如嵩在《< 孙子兵法 > 十三讲》中把孙子介绍的行军情况分为三种，分别是强行军、急行军和常行军。先说第一种情况——强行军，“卷甲而趋，日夜不处，倍道兼行，百里而争利，则擒三将军，劲者先，疲者厚，其法十一而至”。“卷甲而趋，日夜不处”是指军队卷起盔甲，日夜急行，中途不得休息；“倍道兼行”则是说使行军路程加倍。陈启天曰：“古代交通工具不备，行军速度以日行三十里为常则，日急行六十里为倍道，夜亦急行为兼行。”若是以这样的强度行军，走百里去争利，结果是三军的将领都可能被擒获，士卒中的强健者走在前面，疲弱者落后掉队，最后只有十分之一的士卒能够到达作战地点。第二种情况——急行军，“五十里而争利，则蹶上将军，其法半至”，急行五十里去争利，这种情况下会使先头部队的将领遭受挫折，最后只有一半的兵力能够赶到。第三种情况——常行军，“三十里而争利，则三分之二至”，这是按照士兵正常的速度和日程要求采取的行军方式，走三十里去争夺利益，最后只有三分之二的士卒能够到达。由此我们可以看出，军队在行军作战时，拥有充足的后备人力、物资供应，对于取得战争的胜利多么重要，否则，作战就会失败，“军无辎重则亡，无粮食则亡，无委积则亡”。

从本篇中介绍的三种行军情况中，我们可以看出，《孙子兵法》一书，并不只是高谈理论，同样也蕴含很多具体战争经验的总结。这也提供了宝贵的军史资料，让我们能够了解到古代冷兵器时代作战的真实情况。

了解了军队士卒负重行军的不同情况，孙子进一步提出在行军中需要注意的问题——“不知诸侯之谋者，不能豫交；不知山林、险阻、沮泽之形者，不能行军；不用乡导者，不能得地利”。因此，在行军中，了解一个诸侯国的战略谋划，熟悉山林、险阻、沼泽的地形，用向导带路，对于作战来说十分重要。只有这样，才能处理好行军的虚实、分合等问题。孙子说，用兵打仗需要凭借诡诈手段才能获取成功，军队的行动取决于获得利益的多少，处理兵力分散与集中的问题，要根据战场实际情况来采取灵活多变的对策。

在本篇中，孙子描绘了指挥军队的最高境界，即所谓“其疾如风，其徐如林，侵掠如火，不动如山，难知如阴，动如雷震”。军队应该行军快速时如急风，缓慢时如微风掠过树林，攻城略地时如熊熊烈火，驻守时如巍峨大山；隐蔽时如密布阴云的天空般无法窥探，一旦行动起来就如同雷霆闪电般迅速。在行军作战攻打城池的过程中，还要遵守一定的原则，即“掠乡分众，廓地分利，悬权而动”。掠夺乡间财物，将掳掠来的民众分给有功者；开疆拓土之后，把土地分给有功者；权衡利弊之后，方可采取行动。这就是所谓“迂直之计”“军争之法”。

而要实现这一点，就必须治军有方。如何才能做到治军有方呢？孙子从三个方面加以阐述。

第一是要有明确清晰的军事指挥号令系统，要用好“金鼓旌旗”，充分发挥其在行军作战中“一人耳目”的作用，即通过金鼓、旌旗来统一全军视听。有了明确的号令，有了对军队有效的治理，才能够在调动军队的时候如臂使指，运用自如。能够做到这一点，那么，“则勇者不得独进，怯者不得独退”，整个军队在统一的指挥下，士气高涨，整齐划一地进行作战。对于我方的军队来说，采取的是“一人耳目”之法，相反，若是对待地方军队，则要“变人耳目”，也就是通过采取“夜战多火鼓，昼战多旌旗”的方法，达到扰乱敌人视听的效果。

第二是指在行军中要做到“四治”，即“治气”“治心”“治力”“治变”。何谓“治气”？军队作战的士气，一般来说，在初战的时候是锐不可当的，过一段时间就会有所懈怠，最后则会疲乏衰竭了。知道了这个规律之后，在行军过程中就可以“避其锐气，击其惰归”，避开敌人初战时的锐气，等到敌人士气衰竭时再去攻击他。在作战中善于“治气”，最终取得战争胜利的著名战例是齐鲁长勺之战。在这次战役中，曹刿指挥鲁军一鼓作气打败了齐军，曹刿在解释取胜的原因时说，“夫战，勇气也，一鼓作气，再而衰，三而竭。彼竭我盈，故克之”，这就是运用了“治气”的方法。何谓“治心”？“治心”就是控制心理，“以治待乱，以静待哗”，要以自己部队的严整，来对付敌人的混乱；以自己的指挥镇静，对付敌人的轻躁。何谓“治力”？“以近待远，以佚待劳，以饱待饥”，用自己近道便捷对付敌人的远途奔波，用自己的安逸对付敌人的疲劳，用自己的饱食对付敌人的饥饿。

最后，在本篇的结尾，孙子强调了用兵八法，即“高陵勿向，背丘勿逆，佯北勿从，锐卒勿攻，饵兵勿食，归师勿遏，围师必阙，穷寇勿迫”，也就是说，敌人如果占据了高地就不要仰攻，敌人如果背靠高地就不要迎击，敌人如果假意败逃就不要追击，敌人有锐气时不要进攻，敌人抛出的诱饵不要吞食，对退归本国的敌人不可阻截，对已经被包围的敌人，应该给他们留下一个缺口，以避免其负隅顽抗，对陷入绝境的敌人不要逼迫。这些都是宝贵的军事指挥经验。

【原典】

孙子曰：凡用兵之法，将受命于君，合军聚众[①]，交和而舍[②]，莫难于军争[③]。军争之难者，以迂为直[④]，以患为利。故迂其途，而诱之以利，后人发，先人至，此知迂直之计者也。

【注释】

①合军聚众：会合、组织军队，征发民众。

②交和而舍：和，古时军队的营门称“和门”；交和，指两军对垒，军门相对。舍，止，引申为驻扎。本句指敌我对垒，营门相对。

③军争：行军作战之际，敌我双方争先取得最好的战机。

④以迂为直：迂回的道路看似遥远，却因为出乎敌人意料，

所以比直接奔赴战场或走捷径更加快速。

【译文】

孙子说：用兵的方法，统帅被国君任命，从聚集人马组织军队，到奔赴战场与敌人对垒，（这中间）没有比争取有利的作战条件更难的了。争取有利的作战条件的困难在于，走迂回的道路（但出乎敌人意料），比走直道还迅速，这就是变不利的条件为有利。故意迂回，以小利引诱敌人，就能在敌人之后出发，先于敌人到达（战场），这便是懂得变迂回为直路的道理的将领。

【原典】

故军争为利，军争为危[①]。举军而争利，则不及[②]；委军而争利，则辎重捐[③]。是故卷甲[④]而趋，日夜不处[⑤]，倍道[⑥]兼行，百里而争利，则擒三将军[⑦]，劲者先，疲者后，其法十一[⑧]而至；五十里而争利，则蹶[⑨]上将军，其法半至；三十里而争利，则三分之二至。

是故军无辎重则亡，无粮食则亡，无委积[⑩]则亡。

【注释】

①军争为利、军争为危：军争这件事情可能有利，也可能有害。为，有。

②举军而争利，则不及：全军带着全部的装备、辎重去行军，就会赶不到。

③委军而争利，则辎重捐：轻装上阵行军，会丢掉全部的辎重。委，丢弃。捐，放弃。

④卷甲：将甲胄包裹起来。卷，收、藏。

⑤处：止，引申为休息。

⑥倍道：行程加倍，指日以继夜地赶路。

⑦擒三将军：军队统帅被擒。擒，被擒获。三将军，春秋时军队多设三军，或上中下军、或左中右军，三将军指三军统帅。

⑧十一：十分之一。

⑨蹶：被挫败。

⑩委积：物资储备。

【译文】

在作战中争夺有利战机有有利的方面，也有危险的方面。假如带着全部辎重去争有利战机，则行军迟缓；如果放下辎重去争利，辎重就会损失。如果卷起盔甲轻装急进，昼夜不停地快速赶路，行军百里去争夺战机，三军统帅就可能被俘虏；强壮的战士先到，疲弱的士卒后到，按照一般规律，只会有十分之一的军兵赶到；走五十里去争夺战机，领军将领则会被击败，一般只有半数兵力能赶到；走三十里去争利，一般只有三分之二的兵力能赶到。而且军队没有辎重就会失败，没有粮食就不能生存，没有物资就不能取胜。

【原典】

故不知诸侯之谋者，不能豫交[①]；不知山林、险阻、沮泽[②]之形者，不能行军；不用乡导[③]者，不能得地利。

故兵以诈立，以利动，以分合为变者也。

【注释】

①豫交：参与诸侯结盟等外交活动。豫，通“与”，参与。

②沮泽：沮，音 jǔ。沮泽，指沼泽地带。

③乡导：即向导。

【译文】

凡是不了解诸侯各国的战略规划的，就不能（让他）参与会盟等外交活动；不熟悉山林、险要、湖沼等地理环境的，不能（让他指挥）行军；不用向导的，就不能（充分）运用地形的有利条件。

所以用兵以欺骗（敌军）为首要，根据是否有利而行动，分散与集中兵力（将根据具体的情况）而变化。

【原典】

故其疾如风，其徐[①]如林，侵掠如火，不动如山，难知如阴[②]，动如雷霆。

掠乡分众[③]，廓地分利[④]，悬权[⑤]而动。

先知迂直之计者胜，此军争之法也。

【注释】

①其徐如林：行军缓慢轻巧如树林被微风吹动。

②难知如阴：难以了解，如同阴天无法看清日月星辰。

③掠乡分众：此句有两种解释，一说指侵略敌国、掠夺资财之际，要分兵多路；一说指掠夺了敌国的资财，要分给各支部队。

④廓地分利：此句有两种解释，一说指要规划战区，分别守在要害之地；一说指要将占据的土地，分给有功将士。

⑤悬权而动：指衡量利害然后根据实际而展开行动。权，秤砣，砝码。悬权即指悬挂的秤锤，指衡量轻重、找到平衡的一点。

【译文】

所以，军队应该行军快速时如急风，缓慢时如微风掠过树林，攻城略地时如熊熊烈火，驻守时如巍峨大山，如密布阴云的天空般无法窥探，一旦行动起来就如同雷霆闪电般迅速。

所以要分兵侵入敌国，规划战区扼守要害之地，权衡利害而后行动。

先把握到"以迂为直"道理的将领会获胜，这就是作战争夺有利条件的方法。

【原典】

《军政》曰："言不相闻，故为金鼓[①]；视不相见，故为旌旗。"夫金鼓旌旗者，所以一[②]人之耳目也；人既专一，则勇者不得独进，怯者不得独退，此用众之法也。故夜战多金鼓，昼战多旌旗，所以变人之耳目也[③]。

【注释】

①金鼓：即锣鼓，古代军队中用来通信的工具。

②一：统一。

③变人之耳目也：让人的眼睛和耳朵可以适应。变，适应。

【译文】

古代的兵书《军政》中说，士卒听不见将官（的言语号令），所以才以金鼓之声为号令；士卒看不清将官，所以才以旌旗为指挥辅助。金鼓与旌旗，是统一军卒视听的工具。军卒统一（行动），那么勇敢的战士不能独自前进，怯懦的士兵不能独自后退，这就是指挥大部队的方法。所以夜里作战多用金鼓为信号，白天作战就多用旌旗，这就是用来适应白天、夜晚人们的视听而变化适用的。

【原典】

故三军可夺气[①]，将军可夺心。是故朝气锐，昼气惰，暮气归[②]。故善用兵者，避其锐气，击其惰归，此治气者也[③]。以治待乱，以静待哗，此治心者也。以近待远，以佚待劳，以饱待饥，此治力者也。无邀[④]正正之旗，勿击堂堂之阵，此治变[⑤]者也。

【注释】

①夺气：挫伤士气。夺，丧失、动摇。

②朝气锐，昼气惰，暮气归：早上士气旺盛，中午士气疲惫，晚上士气低落疲惫。也有学者认为，这不是指具体的时间，而是指两军对战开始、中间与结束的时候。固然这样的解释也不错，但西周至春秋，很多战斗都是在一天内结束，夜战不多。所以，将时间理解为早、中、晚也无不可。

③治气者也：这就是通过利用士气来指挥战斗的方法。下文的“治心”“治力”、与此相同，都是指利用军心、把握军力来指挥战斗。

④邀：截击。

⑤治变：掌握随机应变的原则，以灵活变通的方法去对付敌人。

【译文】

军队的士气会被挫折；将领的决心可以被动摇。所以初战时士气高涨，继而士气懈怠，最终则士气衰竭，人心思归。因而，善于用兵的人，总是避开敌人的锐气，攻击士气懈怠衰竭的敌人，这是利用军队士气变化制服敌军的方法。用严整的部队对付混乱的军队，用冷静严肃的军队对付浮躁喧乱的部队，这就是利用军心来击败敌军的办法。用近途的军队对付远途奔袭的敌军，用休整良好的部队对付疲劳的敌军，用饱食的军队对付饥饿的部队，这就是从体力上制伏、战胜敌军的方法。不去截击旗帜整齐的敌军，不要去攻击阵容整齐、军容壮大的敌军，这是以灵活变通的战术对付敌人的方法。

【原典】

故用兵之法，高陵勿向①，背丘勿逆②，佯北勿从③，锐卒勿攻，饵兵勿食，归师勿遏，围师必阙④，穷寇⑤勿迫，此用兵之法也。

【注释】

①高陵勿向：占据高地的敌军，不要去仰攻。

②背丘勿逆：背对高地的敌军，不要正面攻击。逆，迎击。

③佯北勿从：假装败退的敌军，不要去追击。北，通“败”。

④阙：同“缺”，缺口、空缺。

⑤穷寇：陷入绝境的敌军。

【译文】

所以，用兵的原则是：不要去仰攻占据高地的敌军，不要去正面迎击背靠山丘的敌人，不要追赶假装败退的敌军，不去进攻精锐的敌军，不去吞食敌军抛出的诱饵，不要去阻击退归本国的敌军，包围敌人要留下缺口，不要过分逼迫陷入绝境的敌军。这都是用兵的法则。

《九变篇》第八

导读

曹操曰：变其正，得其所用者九。

《九变篇》，首谈用兵之九变，中间谈利害，又以领军之将的“五危”做结，显得颇为凌乱。故此，对于本篇的主旨，历来争议颇多。

如本篇之首段，自“合军聚众”之后，一共有十句。与标题的“九变”有出入。有人认为，九变之“九”泛指变化之多，并不一定确指九种，这种看法以郭化若、杨丙安为代表，郭化若说：“本篇讲各种特殊情况的机断措施。‘九’泛指多，‘变’指不按正常原则处置。”有人认为去掉最后一句“君命有所不受”，所剩正好九句，则一句对应一“变”，而最后一句“君命有所不受”是对前“九变”的总结，持这种观点的学者以吴如嵩为代表，他说：“最后那一变，‘君命有所不受’这句话，应该是按照宋本《十一家注孙子兵法》里贾林、王皙的解释来理解，君命有所不受，是对前面九条所作的结语。就是说虽然是国君的命令，也可不受，所以这一条不在常变之列。”也有学者认为，这里的情况属于“错简”。所谓“错简”，是中国古籍特有的一种情况。先秦之书多用竹简，并用绳子编结在一起。但随着阅读次数的增多，绳子会被磨断。传说孔子晚年研读《易经》非常刻苦，以至于“韦编三绝”，说的就是这种情况。“韦”就是牛皮制成的绳子，因为读得太刻苦了，所以系竹简的牛皮绳子被磨断了三次。而在重新编结的时候，由于某种原因，可能会产生竹简的丢失或错位，这就是“错简”。很多先秦著作中都有一些难于索解的片段，部分原因就可能是这种“错简”导致的。所以，有的学者就认为，《军争篇》一节最后的用兵八法，实际上应该属于本篇，加上本篇中的“绝地五留”，正好是九种用兵的原则。而且，本篇首段中的“圮地无舍、衢地交合、围地则谋、死地则战”四句则应该是《九地篇》中的内容。如果考虑到首段的最后五句，所谓“途有所不由、军有所不击，城有所不攻，地有所不争，君命有所不受”，与前面的句式不太统一，而且意义也不连贯。这种“错简”之说其实很有道理。

不过，尽管如此，《九变篇》中蕴含的一些军事思想仍是非常宝贵的。如“君命有所不受”，即强调军事将领不能拘泥、不能因循怯懦；再如，领兵之将要警惕五种性格弱点，鲁莽冲动、怯懦、易怒、好名、过于慈悯等，都会成为被敌人利用的缺点。

本篇主要论述的是根据不同的实际作战情况，灵活运用战略战术的问题。强调“九变”之术的在具体行军作战中的重要作用。本篇第二段就明确概括了“九变”的重要性——“将通于九变之地利者，知用兵矣；将不通于九变之利者，虽知地形，不能得地之利矣；治兵不知九变之术，虽知五利，不能得人之用”。将领如果能够通晓在各种不同的地形条件下灵活变换战术的利处，那么就算懂得用兵之道；如果不能够通晓在各种不同的地形条件下灵活变换战术的好处，即使了解地形，也不能够发挥地形之利；指挥军队却不懂得各种不同的地形条件下变换战术的方法，即使懂得“五利”，也不能充分发挥官兵的作用。

那么，究竟什么是“九变”呢？孙子在第一段中总结了符合“九变”战术的“用兵之法”，也就是用兵的原则和规律。首先，“将受命于君，合军聚众”，将帅接受国君的命令，组织军队，筹备军需物资。然后，进一步阐述了在不同的地理环境中要灵活采取不同的军事战略——“圮地无舍，衢地合交，绝地无留，围地则谋，死地则战”。这句话是什么意思呢？我们先看孙子所讲的这几种地形：“圮地”是指难以行走的地区；“衢地”指四通八达的地带；“绝地”指军队与后方隔绝、难以生存之地；“围地”指难以出入、容易包围之地；“死地”指地形有当死之势。这五种地形是对行军作战中常遇地形的总结归纳。行军作战中，在“圮地”不要宿营，在“衢地”要结交诸侯，在“绝地”不要停留，在“围地”要巧施计谋，在“死地”要拼死战斗。此外，在具体行军作战的过程中，也要根据实际情况灵活采取作战策略，不能一味向前冲锋陷阵，也就是孙子所说的，“途有所不由，军有所不击，城有所不攻，地有所不争，君命有所不受”，即有的道路不要通过，有的军队不要攻击，有的城池不要攻打，有的地方不要争夺，国君有的命令不必接受。

在上篇《军争篇》中，孙子曾提出既要看到“军争”之利，又要看到“军争”之弊。并且在作战过程中要充分发挥主观能动性来实现敌我力量转化。在本篇中，孙子再次提出了要用全面、辩证的眼光看问题的主张。“是故智者之虑，必杂于利害”，聪明的将领考虑问题，一定会兼顾利害两个方面。“杂于利，而务可信也；杂于害，而患可解也”，在不利的情况下看到有利的一面，作战目的才能达到；在有利的情况下看到有害的一面，祸患才可解除。

用全面的眼光思考问题，作战时兼顾利害两个方面，那么在应对敌方时就能够处于主动地位。先说应对敌方诸侯，“屈诸侯者以害，役诸侯者以业，趋诸侯者以利”，用一些有害于诸侯的事情施加压力使其屈服，用一些可能会造成危害、迫使诸侯不得不做的事情来调动、驱使诸侯，用一些小利来诱惑诸侯使其为我所用、被动奔走。吴如嵩在《<孙子兵法>十三讲》中举例，东汉时班超平定西域时就运用了此种军事战略：东汉王朝为了同大敌匈奴争夺西域的鄯善、于阗、龟兹等政权，派班超等36人出使西域。当班超到达鄯善时，发现匈奴已经派使臣来游说鄯善国王，鄯善国王对于是否勤汉犹豫不决。班超断然决定攻击匈奴使臣，将他们全部杀死。然后又向鄯善国王宣布汉朝的威德，劝他与汉朝和好，鄯善国王终于表示归附汉朝。其后班超又带着这36人出使了于阗、龟兹，同样也是采取恩威并施、文武并用的手段，使他们与汉朝和好的。

随后，孙子进一步提出了“有备无患”的战略思想——“故用兵之法，无恃其不来，恃吾有以待也；无恃其不攻，恃吾有所不可攻也”。用兵的法则不是把希望寄托在敌人身上，期望他们不来，而是要依靠自己做好充分的准备；不要寄希望于敌人不进攻，而要依靠自己拥有的力量使敌人无法进攻。孙子这段话中所包含的“有备无患”的思想和作战中依靠自己壮大力量，而不是寄希望于敌人的战略对后世影响深远。

通晓了用兵之法，对于如何应对敌方将领，孙子进一步提出了“将有五危”的看法——“必死，可杀也；必生，可虏也；忿速，可侮也；廉洁，可辱也；爱民，可烦也”。他提出了将帅性格上的五种缺陷：对一味拼死的将领，可施计杀死他；对贪生怕死的敌将，可设法俘虏他；对急躁易怒的敌将，可通过侮辱激怒他而使他中招；对廉洁惜名的敌将，可通过侮辱他而乱其心曲；对爱护民众的敌将，可不断烦扰他，使他疲于救援，劳碌不堪。比如说，《三国志》中吕布的下场就是“必生，可虏也”的显著案例：公元198年，吕布从刘备的手中夺下了下邳，刘备向曹操求援。曹操本来想消灭吕布，扫除后顾之忧，以便最终同北方强敌袁绍进行决战，就答应了刘备的要求，亲率大军围攻下邳，并去信劝吕布投降。吕布贪生怕死，打算投降，但是他的谋士陈公劝阻了他。后来曹操又加大了进攻的力度，并且引水灌城一个多月，这时吕布又打算投降，仍然被陈公劝阻了。最后由于发生了兵变，吕布看到大势已去，开城投降，结果被曹操处决。再如“爱民，可烦也”，我们仍举三国时的例子：公元208年，当时曹操夺取荆州，他采取了一个声东击西的战术夺取襄樊。当时刘备开始守新野，后来守樊城，他看到曹操来势凶猛，荆州刘表的儿子刘琮又投降了，就赶快率领部队撤退。撤退的时候跟随他的有十几万老百姓，几百辆车。他想退到江陵去，江陵是当时荆州的重镇，军需物资都存在那个地方，但是他行动很缓慢，一天只能走十几里路。曹操一看，刘备想向江陵走，就亲率五千骑兵，前去追赶刘备。然而，曹操的速度却大大超过刘备，每天三百里，追到当阳长坂，把刘备打了个稀里哗啦。最后，刘备的那十多万民众和物资全都丢掉了。由此可见，若是领兵将领具有上述五种性格上的缺陷，那么军队在作战过程中就会有全军覆灭的隐患，将领也很有可能会兵败身死。

如果军队将领具有上述五种弱点，那对于整个军队来说将无疑是巨大的灾害。因此，熟悉“将之五危”，不仅对我方战胜敌人有很大帮助，能够根据敌方将帅弱点依次击破敌方军队，而且对于加强我方军队将领队伍建设也有很大的借鉴意义。

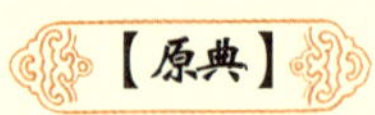

孙子曰：凡用兵之法，将受命于君①，合军聚众。圮地无舍②，衢地合交③，绝地无留④，围地则谋⑤，死地则战⑥。

途有所不由⑦，军有所不击，城有所不攻，地有所不争，君命有所不受⑧。

【注释】

①将受命于君：将领接受君王的命令，组织军队出征作战。在古代，这是一个非常隆重的仪式，包括占卜、在太庙举办仪式，然后才能授予象征兵权的旗鼓。

②圮地无舍：圮，音 pǐ，毁坏之意。本句指在难行之地不可驻扎。《九地篇》中更明确指出，“行山林、险阻、沮泽，凡难行之道者，为圮地。”

③衢地交合：衢地，几国的交界之处，指四通八达之地。抵达这种地方，可以与诸侯结交，获得多方面的援助。《九地篇》指出：“诸侯之地三属，先至而得天下之众者，为衢地。”

④绝地无留：指无水草粮食、与后方隔绝、缺乏支援、难于生存的地方，不要停留。《九地篇》“去国越境而师者，绝地也。”可见，绝地主要是指与后方无法联络、无法取得补给与支持。

⑤围地则谋：所谓“围地”，在后面《九地篇》中有两种解释“所由入者隘，所从归者迂，彼寡可以击吾之众者，为围地。”“背固前隘者，围地也。”综合两种解释，可见“围地”是指进口狭窄、出口迂回曲折的地方。对于这种地形，需要好好谋划。

⑥死地则战：在死地则要敢于决一死战。《九地篇》里说：“疾战则存，不疾战则亡者，为死地。”又说，“无所往者，死地也。”换言之，死地就是那种除非拼死搏杀而毫无生路的地方。

⑦途有所不由：途，道路。行军的道路是有选择的，有些地方是不能走的。以下“军有所不击，城有所不攻，地有所不争”三句意义与此相同，均指攻击的目标是要谨慎选择的。这个选择的前提就是前面所说的大的战争目标，而不是一定要逐个城池、逐个阵地的攻破。具体的战争措施要与整体的战争目标密切配合。

⑧君命有所不受：君主的命令也可以不接受。这句话强调将领应该有勇气根据实际战场情况来灵活指挥。

【译文】

孙子说：一般用兵的方法（是这样的），主将接受国君的命令，组织军队出兵作战，出征时在险阻之地不要驻扎；在四通八达、交界之地驻扎时可结交邻国；在没有水草粮食、难于生存的地方不要停留；对便于伏击之地要做好谋划；在死战之地则要勇猛作战。

（此外，）有些道路（虽然通畅或近便）也不一定要走；有些敌军不一定去攻击，有些城邑不一定攻取，有些地盘也可以放弃，（根据战场的实际情况）国君发出的（不恰当的）命令也可以不服从。

【原典】

故将通于九变之地利者[①]，知用兵矣；将不通于九变之利者，虽知地形，不能得地之利矣；治兵不知九变之术，虽知五利[②]，不能得人之用矣。

【注释】

①将通于九变之地利：有学者认为本句中的“地”字为衍文，则本句应为“将通于九变之利”。这种解释比较合理。九变，一种说法是“九”为泛指，指多。九变指各种灵活机变的谋略。一说“九变”实际指从“圮地无舍”至“地有所不争”九个短句所说的九种情况。结合上下文义，第二种解释有些牵强。“圮地无舍”至“死地则战”五句所指都是与军事地理有关的内容，而后面“途、敌、城、地”四个有所不取，都是指将领要随机应变，根据战场实际与战略大目标灵活指挥之意，与后面君命有所不受的基本原则是相同的。考虑到《孙子兵法》一书在流传千年过程中可能出现的“错简”、散佚、增删等情况，我们认为，此处的九变解释为“多种”比较稳妥。在《孙子兵法》后面的《九地篇》，作者对此处所谈到的圮地、衢地、绝地、围地、死地，以及散地、轻地、争地、交地、重地等各种战争要注意的地形都有详细的描

述，所以，这里的“九变之（地）利”所指，应该就是后文中依据地形不同灵活制定战略的思想。本段中“将不通于九变之利者，虽知地形，不能得地之利矣”，说的也正是这个意思。不懂得变通，即便知道各种战争地理的名目，也无法在战争中获益。

②五利：指“途有所不由，军有所不击，城有所不攻，地有所不争，君命有所不受”的五条好处。也有学者认为此处的“五利”是指“圮地无舍”至“死地则战”五个短句。

【译文】

所以，能够掌握各种灵活机变的战术的将领，是懂得用兵的。将领不能掌握灵活机变的各种好处，即使了解地形，也不能抓住（特殊）地形带来的好处。将领不知道灵活机变，即使懂得“五利”，也不能充分发挥军队的作用。

【原典】

是故智者之虑[①]，必杂于利害[②]。杂于利，而务可信也[③]；杂于害，而患可解也[④]。

是故屈诸侯者以害[⑤]，役诸侯者以业[⑥]，趋诸侯者以利[⑦]。

故用兵之法，无恃[⑧]其不来，恃吾有以待[⑨]也；无恃其不攻，恃吾有所不可攻也。

【注释】

①智者之虑：智慧的将领的思考。

②杂于利害：杂，交错。句义指，必须考虑到有利与有害两个方面。

③务可信：务，事物、事情，指军事任务。信，通“伸”，指顺利发展。看到有利的方向，事情才能够顺利推进。

④患可解：患，危害。解，免除。了解不利的方面，危害就可以提前化解、预防。

⑤屈诸侯者以害：屈，使之屈服、屈从。要指出不利的一面，让诸侯屈服。

⑥役诸侯者以业：役，役使、驱使。业，事情。用事情来调

动、驱使诸侯。结合上句之意，这里所指的可以调动诸侯的事情，应该是一些可能会造成危害、迫使诸侯不得不做的事情。

⑦趋诸侯者以利：趋，使之趋近。用利益来诱使诸侯。

⑧恃：音 shì，倚仗、依赖、凭借。

⑨待：有所准备。

【译文】

因而，高明将领的谋划，一定兼顾利、害两方面。考虑有利的因素，可以推动事情顺利进行；考虑到不利的因素，祸患便可及时消除。

因而，要以（他们）害怕的事情使各诸侯屈服；要用（他们必须去做的）事情来驱使、挟制各诸侯；要用利益去引诱各个诸侯归附。

所以用兵的方法：不要寄希望于敌人不来，而要寄希望于自己已经做好了准备；不要寄希望于敌人不进攻，而是要依靠自己有让敌人无法攻克的强大实力。

【原典】

故将有五危：必死，可杀也①；必生，可虏也②；忿速，可侮也③；廉洁，可辱也④；爱民，可烦也⑤。

凡此五者，将之过也，用兵之灾也。覆军杀将⑥，必以五危，不可不察也。

【注释】

①必死，可杀也：必死，指有勇无谋只懂得死战。这样的将领，可以诱杀他。

②必生，可虏也：必生，指贪生怕死的将领。这样的将领，可以考虑俘虏他。

③忿速，可侮也：忿速，指急躁易怒的将领。这样的将领，可以羞辱他、激怒他。

④廉洁，可辱也：廉洁，指好名、自视甚高的将领。这样的将领，可以羞辱、鄙视他，从而扰乱其心智。

⑤爱民，可烦也必：爱民，关心民众。可以通过骚扰民众的办法，分散他的兵力、影响他的指挥。

⑥覆军杀将：覆，倾覆。指全军覆没，将领被杀。

【译文】

将领有五种弱点缺陷：一味硬拼（的将领），可能很容易被敌人诱杀；一味求生怕死（的将领），可以设法俘虏他；急躁易怒（的将领），被轻慢就容易冲动；珍惜名誉（的将领），可以通过侮辱而使之举措失当；爱护民众（的将领），可能被敌军骚扰而受到牵制。上面这五点，都是将领的危险缺点，是用兵之大害。军队覆灭、将帅丧命，必定由这五点因发，不可不认真研究。

《行军篇》第九

导读

在《军争篇》中，孙子从用兵的角度涉及了行军的部分问题。在本篇中，则对军队在调动过程中的行进、驻扎、侦测、军纪维护等的各种情况进行了详细的论述。赵本学曰："行军者，军行处境须知之事也。次舍之处，则有水泽山路之不同，经由之路亦有坑堑险阻之不一，果何择而何避乎？军行见敌，敌人则有动静进退之迹，有障蔽疑似之迹，有治乱虚实之形，果何觇而何察乎？处军不得其法，相敌不得其情，皆有败衄之祸。《孙子兵法》此篇专载其事，上言处军，下言相敌，周悉详尽，无复余蕴矣。"

通篇来看，本篇大致从处军、相敌和治军思想三个方面进行了详尽的论述。孙子开篇即用"处军、相敌"二词对全文的前两部分进行了概括。刘寅曰："孙子言：凡处军之法有四，相敌之法有三十二。下文自'绝山依谷'至'伏奸之法'，皆处军之法。自'敌近而静'至'必谨察之'，皆相敌之法。"

我们先看孙子所讲的"处军"之法。何谓"处军"？吴九龙解释道："指在各种地形条件下，军队行军、战斗、驻扎的处置方法。"孙子分别阐述了四种地形——山地附近、江河之侧、盐碱沼泽地带、平原地带的处军原则。第一种情况，在山地的行军，"绝山依谷，视生处高，战隆无登，此处山之军也"。行军经过山地，要靠近山谷；驻扎时要选择向阳的高地；与地势高的敌人作战，我军不能采用仰攻的方式。第二种情况，在水地的行军，"绝水必远水；客绝水而来，勿迎之于水内，令半济而击之，利；欲战者，无附于水而迎客；视生处高，无迎水流，此处水上之军也"。横渡江河时，应该远离流水驻扎；敌人渡水而来，不要在河滨之处迎击他们，而是要在他们渡过一半的时候攻击他们，这样对我军才有利；

如果打算同敌军决战，不要紧靠水边列阵迎敌；我们要处在江河的上流，而且要处于阳面，不要面迎水流。第三种情况，在盐碱沼泽地带的行军，“绝斥泽，惟亟去无留；若交军于斥泽之中，必依水草，而背众树，此处斥泽之军也”。“斥泽”就是沼泽地带，行军遇到沼泽，要“亟去无留”，即不要停留，迅速离开。如果与敌方军队在沼泽地带相遇，一定要依傍水草、背靠树木而行。最后一种情况，在平原地带的处军，“平陆处易，而右背高，前死后生，此处平陆之军也”。在平原地带要选择平坦开阔的地域驻扎，右方依托高地，前面为低地，背靠高地来部署军队。最后，孙子对这四种“处军”之法进行了高度的总结和评价——“凡此四军之利，黄帝之所以胜四帝”。这四种处军的好处，也正是黄帝战胜四帝的原因。孙子将这四种处军方式追溯到远古战争时代，一方面为自己提出的作战原则提供了强有力的佐证，另一方面也大大增加了文章的说服力。

孙子在分析了在不同地形中行军要遵循的原则后，进一步提出了军队在驻扎的时候要注意的问题。“军好高而恶下，贵阳而贱阴，养生而处实。军无百疾，是谓必胜。丘陵堤防，必处其阳，而右背之”，军队在驻扎的时候，要选择干爽、向阳的高地驻扎，避免阴冷潮湿的低地，选择水草丰美、粮道便利的地方来宿营。士兵身体健康，斗志昂扬，这是作战取得胜利的前提。在丘陵堤防之处，要驻扎在它的阳面，背靠它，这样就取得了地理上的有利地位。孙子进一步说，“上雨，水沫至，欲涉者，待其定也”，如果上游之处下雨，有水沫漂了过来，那么很有可能发生洪水之灾，在这种情况下，军队必须等水势平稳下来之后再渡过河流。军队在行军中若是遇到“绝涧、天井、天牢、天罗、天陷、天隙”这六种险恶的地形，一定要远离它，而设法让敌军接近它。行军中遇到“险阻、潢井、葭苇、山林、翳荟”这些复杂的地方，必须小心谨慎，反复摸索前行，因为这些地方往往设有敌军的埋伏。

接下来，孙子总结了三十二种“相敌”之法。“相敌”就是侦察敌情、判断敌情，也就是在行军中进行军事观察的三十二种办法。在孙子时代，由于科技水平的限制，不能像今天一样通过高科技手段来侦测敌情。想了解敌方军情，只能依靠人的肉眼、肉耳来判断。尽管如此，孙子却总结出了一套相当丰富的“相敌”之法，三十二种侦探敌情的方法能够让我军根据敌军，乃至仅仅是作战环境的任何风吹草动就能判断敌军状况，从而达到“知己知彼，百战不殆”的效果。比如说，在作战中如利用树木、鸟兽、烟尘来判断敌军的规模；利用敌军使者的表现、军卒的仪容行止来摸清敌军的真实情况等。后文中对每一种侦探方法都有详细的解释，此处不一一说明。我们仅仅以古代的战争为例，稍加分析。例如，孙子所说的“辞卑而益备者，进也；辞强而进驱者，退也”，意思是，如果敌方来使言辞谦卑，却在加强战备，说明要向我们发起进攻；如果敌方来使措辞强硬，部队显示出前进的态势，那么他们是要准备后退。公元 1044 年，契丹以十万大军渡过黄河，大举进攻西夏。西夏国君元昊以求和为名引诱契丹军深入，三次后退一百多里，沿途坚壁清野，迫使契丹军队人马缺食，饥疲不堪，然后大举反攻击败了契丹军。这是“辞卑而益备者，进也”在实战中的应用。再看后者，“辞强而进驱者，退也”。公元前 615 年，秦晋河曲之战，当时秦军准备撤退，但是却派使者夜赴晋营，与秦军约战，说第二天继续作战。晋军将领臾骈从秦军来使的眼神和口气中察觉到秦军要撤退，他说“使者目动而言肆，惧我也”。也就是说，使者的眼睛在动，嘴巴说的话好像很放肆，但实际上是害怕，可能要逃跑。于是他建议乘机把秦军逼到黄河岸边去击败他们。

最后，孙子强调了军队将领要特别注意自己的治军策略，只有做到“令之以文、齐之以武”，要文武并行，恩威并施，用仁义道德来教育士兵，用法令规章来约束士兵，这样才能真正树立起威信，有效地治理、指挥军队。不仅如此，在平时的军队建设中就要严格贯彻命令、管教兵卒，这样兵卒才能够服从；若是平素管教不严格，士兵就不会服从，也就是孙子所说的“令素行以教其民，则民服；令不素行以教其民，则民不服。令素行者，与众相得也”。在本段中，孙子首次提到了“精兵”的思想——“兵非益多也”，能够不冒进、能够行动统一、能够准确预估侦测敌情、能够战胜敌人，这就是优秀的军队的标准。这种军事思想的提出，也是具有划时代意义的。

【原典】

孙子曰：凡处军相敌①：绝山依谷②，视生处高③，战隆无登④，此处山之军也⑤。绝水必远水⑥；客⑦绝水而来，勿迎之于水内，令半济而击之⑧，利；欲战者，无附于水而迎客⑨；视生处高，无迎水流⑩，此处水上之军也。绝斥泽⑪，惟亟去无留；若交军于斥泽之中，必依水草，而背众树，此处斥泽之军也。平陆处易⑫，而右背高⑬，前死后生⑭，此处平陆之军也。凡此四军之利，黄帝之所以胜四帝⑮也。

【注释】

①处军相敌：处军，行军过程中的各种布置、部署。相敌：相，观察、侦查。对敌军的观察，判断敌情。

②绝山依谷：绝，穿过、穿越、横渡。依，靠近。行军作战时穿过山地，要靠近山谷。

③视生处高：生，向阳处。处，占据。占据高地、向阳之地。

④战隆无登：隆，高地。登，攀登。与占据高地的敌人作战的时候不要佯攻。

⑤此处山之军也：这是在山地中部署军队、安排行军作战的方法。

⑥绝水必远水：绝，同前，指横渡、穿越。渡过河流之后，一定要在远离河流的地方驻扎。

⑦客：指敌军。古代交战，往往将进攻的一方称为“客”，防守的一方称为“主”。

⑧令半济而击之：要等到敌人渡河一半的时候，再开始进攻他。

⑨欲战者，无附于水而迎客：如果打算和对岸的敌人战斗，就不要紧贴着河岸防守，要后退一些布置战线。即让敌人觉得可以渡河，才能半渡而击。

⑩视生处高，无迎水流：要占据高地、向阳之处，不要迎着水流的方向。指不要让敌人在上流、我军在下游。

⑪绝斥泽：斥泽，盐碱地、沼泽地。不要在盐碱、沼泽地带

停留、作战。

⑫平陆处易：易，开阔地带。在平原上驻军，应该选择平坦的地方，便于车骑驰骋。

⑬右背高：右，古人以右为上。此句有两解。其一，军队以背靠高地驻扎为上；其二，右翼要背靠高地。

⑭前死后生：死，低地；生，高地。

⑮黄帝之所以胜四帝：这就是黄帝之所以打败周边四方诸侯的原因。黄帝，即轩辕。四帝，四方部族、诸侯，后被黄帝所征服。又有人说四帝或指东方青帝，南方赤帝，北方黑帝，西方白帝。这是春秋以来，五行学说盛行，将五色、五方与古代帝王匹配而形成的解释。

【译文】

孙子说，凡布置军队、观察敌人（应该注意）：通过山地要沿着有水草的山谷行进；驻扎的时候要选择向阳的高地；敌人驻扎在高处的时候不要仰攻。这是在山地中部署军队作战的原则。渡河的时候，不要驻扎在离河水太近的地方。敌军渡河而来，不要在河滨之处迎击他们；要在他们渡过一半的时候开始进攻，这才有利。打算作战的人，不要（紧挨着）水边迎击。驻扎在向阳的高地，不要驻扎在河水的下流，这是在江河地带对军队部署的原则。通过沼泽之际，要快速通过不要停留；如果在沼泽地带交战，必须靠近水草背靠树林，这就是在沼泽地带军队的部署。在平原上军队要部署在开阔地带，以背靠高地部署为佳，前面是低地，后面是高地。这就是在平原上部署军队的办法。在这四种地形部署军队的原则带来的好处，是黄帝战胜四方诸侯的原因。

【原典】

凡军好高而恶下①，贵阳而贱阴②，养生而处实③。军无百疾，是谓必胜。丘陵堤防，必处其阳，而右背之④。此兵之利，地之助也。

【注释】

①好高而恶下：军队的驻扎，一般会选择高地，而不选择低洼之处。

②贵阳而贱阴：认为向阳的地方比较好，而背阴潮湿的地方不佳。阳，向阳的地方。阴，背阴潮湿的地方。

③养生而处实：驻扎在便于生活而地势结实的高处。养生，草木繁盛，便于放牧、取水等接近水草之处。实，坚实。

④丘陵堤防，必处其阳，而右背之：驻军在丘陵、堤坝这种地方，一定要在向阳的一面，并且让主力或右翼背靠着高地。

【译文】

部署军队总是喜欢高地，避开低地；驻扎在向阳处而避开阴暗湿润的地方；军队能够得到休养，供应充分，军队就不发生任何疾病，这就是胜利的有利保证。在丘陵堤防等地，一定要驻扎在它的阳面，且背靠着它。这是军队部署（得当）形成的有利条件，（充分利用了）地形的有利条件。

【原典】

上雨，水沫[①]至，欲涉者，待其定[②]也。

【注释】

①水沫：水上的泡沫，指洪水。

②定：稳定。

【译文】

上游下雨，水沫漂来（可能会有洪水来袭），若想过河，一定要等（水情）稳定以后。

【原典】

凡地有绝涧[①]、天井[②]、天牢[③]、天罗[④]、天陷[⑤]、天隙[⑥]，必亟去之，勿近也。吾远之，敌近之；吾迎之，敌背之。

【注释】

①绝涧：两侧险峻，中间有溪流的地方。

②天井：四方高峻，中间低洼之处。

③天牢：群山环绕，难以进出之处。

④天罗：草木丛生，军队车辆都难以行走的地方。

⑤天陷：潮湿泥泞，车骑难行的地方。

⑥天隙：道路狭窄，地多坑洼的地方。

【译文】

凡地形中有“绝涧”“天井”“天牢”“天罗”“天陷”“天隙”等情况，要迅速离开，不要接近。我军（部署）要远离这些地方，让敌军接近它们；我军应该面对着这些地形（部署），让敌军背对着这些地形（部署）。

【原典】

军旁有险阻[①]、潢井[②]、葭苇[③]、山林[④]、翳荟[⑤]者，必谨复索之[⑥]，此伏奸之所处也。

【注释】

①险阻：有悬崖绝壁、种种障碍的险峻之路。

②潢井：沼泽水网地带。潢，积水、地势洼陷的地方。

③葭苇：芦苇丛生的地方。有些注释者，将潢井蒹葭合为一句，解释为水洼沼泽、芦苇茂盛的地方，亦通。

④山林：长有茂密树林的丘陵、山区。

⑤翳荟：翳，音 yì；翳荟，树木繁盛的样子。

⑥谨复索之：小心地反复搜索。

【译文】

军队行进中，遇到艰难险阻的地方，长满芦苇的低地湿地，草木茂密的山林地，必须谨慎地反复搜索，这些都是敌人伏兵与奸细隐藏的地方。

【原典】

敌近而静者①，恃②其险也；远而挑战者，欲人之进也，其所居易者，利也③。

众树动者，来也④；众草多障者，疑也⑤；鸟起者，伏也；兽骇者，覆也⑥；尘高而锐者，车来也；卑而广者，徒来也⑦；散而条达⑧者，樵采也；少而往来者，营军也。

【注释】

①敌近而静者：敌人驻扎地和我军距离不远，却不动的。

②恃：shì，凭借、依靠。

③其所居易者，利也：敌人驻扎的地方在开阔地上的，一定是这种地形对其有利。

④众树动者，来也：树林摇动的，是敌军前来进犯。

⑤众草多障者，疑也：在杂草丛生的地方放置了很多防御工事，是敌人意图迷惑我军。

⑥兽骇者，覆也：走兽被惊得四处乱走，是敌军暗中突袭。覆，敌军暗中掩袭。

⑦徒来也：步卒开始进攻了。徒，步兵。

⑧散而条达者，樵采也：烟尘的形状是零散而呈一缕缕的，是敌军在砍伐林木。条达，呈条缕状。樵采，砍伐林木。关于这一点，学者有两种解释。除砍伐林木外，还有学者指出，本句指骑兵拖动砍伐下来的草木来回驰骋，故意造成大军压境的假象来欺骗对手。但细究文意，后一种解释似乎有问题。首先，古代军队驻扎之后，需要砍伐林木构筑营地、烧火做饭。而采伐的林木肯定也是拖曳而回的。如果是为了欺骗敌军，那么行军的路线应该统一，这样造成的烟尘应该是凝聚在一起，才像是大军行进的样子。而这种散乱而一缕缕的烟尘，应该就是砍伐林木后，分散送到营地各处而形成的。

【译文】

敌军抵近驻扎却很平静的样子，是凭借他占据了险峻的地方；

敌军距离很远却还挑战我军，是希望我军进军；敌人驻扎在平地，是因为占据了有利的条件。

树林摇动，是敌人进军了；草丛中设有很多遮碍物的，是敌军企图迷惑我军；鸟飞起来，是有敌人埋伏；野兽被惊动了，是有敌军偷袭；尘土飞扬的形状高而尖，是敌人的军车来了；低而广泛的，是步兵来了。尘土分散、一缕缕的，是敌人在砍伐树木；尘土少但是不断有起落的，是敌军在扎营。

【原典】

辞卑而益备者①，进也；辞强而进驱者②，退也；轻车先出居其侧者，陈也③；无约而请和者，谋也④；奔走而陈兵车者，期也⑤；半进半退者，诱也。

杖而立者⑥，饥也；汲而先饮者⑦，渴也；见利而不进者，劳也；鸟集者，虚也⑧；夜呼者，恐也；军扰者，将不重也⑨；旌旗动者，乱也；吏怒者，倦也；粟马肉食，军无悬甀，不返其舍者，穷寇也⑩；谆谆翕翕⑪，徐与人言者，失众也；数赏者，窘也；数罚者，困也；先暴而后畏其众者，不精之至也⑫；来委谢⑬者，欲休息也。兵怒而相迎，久而不合，又不相去，必谨察之。

【注释】

①辞卑而益备者：语气恭敬谦卑，而敌人却在加强战备的。

②辞强而进驱者：语气强硬，军队不断做出进军的样子的。

③轻车先出居其侧者，陈也：轻型战车先驶出营地，而且驻扎在两翼的，是打算摆出战阵来。

④无约而请和者，谋也：敌人无所要求、无所约定就突然求和的，是敌人另有阴谋。

⑤奔走而陈兵车者，期也：敌人急速奔跑，快速排列军队战车的，是打算与我们决战。期，春秋作战往往提前约定决战的日期和地点，这里指按照约定作战。

⑥杖而立者：拄着兵器站立的军队。杖，依靠、扶着。

⑦汲而先饮者：负责打水的兵卒打到水就先喝的。汲：jí，

从井中打水。

⑧鸟集者，虚也：（营地上）聚集着鸟雀的，是敌人空虚的表现。

⑨将不重也：将领的权威不够重，将领不被军卒信服。

⑩粟马肉食，军无悬缻，不返其舍者，穷寇也：用粮食喂马，军队饱餐肉食，军队不架设煮饭的锅，不返回军营的，就是打算拼死一搏的军队了。缻，音fǒu，军队中煮饭用的陶锅。

⑪谆谆翕翕：低声下气说话的样子。

⑫不精之至也：不精明到了极致了。

⑬委谢：态度婉转地前来谈判。委，古代见面时馈赠礼品，称为委质，这里指低姿态、态度婉转。

【译文】

敌人使者言辞谦卑而加紧备战的，是企图进攻；敌人使者言辞强硬并作出进攻姿态的，是准备撤退；轻战车先行动并部署在侧翼的，是在列阵（准备作战）；没有约定而突然来讲和的，是另有阴谋；敌人急速奔跑并布置军阵车阵的，是企图同我军决战；敌人半进半退的，是企图引诱我军前进。

敌军扶着兵器站立的，是饥饿的表现；打水的兵卒打上来水就先饮用的，是干渴的表现；敌人见到利益而不进兵争夺的，是疲劳的表现；鸟群聚集在敌军上空，营地是空虚的；晚上有乱喊乱叫的，是因为军心恐慌；敌军营地惊扰乱动，是敌军将领缺乏威严；敌军营地里旌旗乱动，是军心已乱；敌军将官易怒，是军队烦倦了；用粮食喂马，（宰杀牲畜）饱餐肉食，没有架设炊具，决心不返营舍的，是敌军准备突围的表现；低声下气同部下讲话的，是敌人将领丧失了人心；不断犒赏士卒的，是因为处境窘迫；不断惩处部属的，是敌人处境困难；敌将先粗暴对待士卒，后又畏惧士卒（反叛）的，是愚蠢到极点；放低姿态谈判的，是希望休战；盛怒而来，却很长时间不接战，又不撤离的，必须仔细观察，弄清楚敌军的企图。

【原典】

兵非贵益多也，惟无武进[①]，足以并力[②]、料敌、取人而已。夫惟无虑而易敌[③]者，必擒于人。

【注释】

①武进：冒进。

②并力：齐心合力。

③惟无虑而易敌：只有没有深思熟虑却轻敌的。易，以……为易，指轻敌。

【译文】

兵力不是越多越好，只是不能冒进，能够集中兵力，判断好敌情，选好精兵强将就足够了。没有谋划又轻视敌人的，必然会被敌军擒获。

【原典】

卒未亲附而罚之[①]，则不服，不服则难用也。卒已亲附而罚不行，则不可用也。故令之以文[②]，齐之以武[③]，是谓必取[④]。令素行以教其民[⑤]，则民服；令不素行以教其民，则民不服。令素行者，与众相得[⑥]也。

【注释】

①卒未亲附而罚之：士卒不够亲近信服将领，就惩罚他们。亲附，亲近、归附。

②故令之以文：一指待士卒比较宽厚，一指以奖赏激励。两种解释都合理。

③武：刑威，军纪刑罚。

④是谓必取：这就是打起仗来一定会获胜的军队。

⑤令素行以教其民：素，平时。平时一贯严格认真地管理士兵。

⑥相得：相处很好，互相信任。

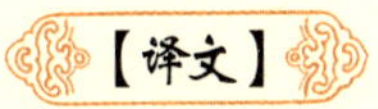

【译文】

军卒还没有亲近归心，就加以处罚，那么士卒必然不服，士卒不服就难以调遣；士卒归附而法纪不施行，士卒也无法使用。因此，要用怀柔的手段来笼络士卒，用军纪、军法来管理他们，才能形成攻无不克的队伍。平时能够（一以贯之）地严格管理士卒，士卒就会听服；平常不严格约束士卒，不教育士卒，士卒就不服。平时的命令能够贯彻下来，是因为将领与士卒之间关系融洽的原因。

《地形篇》第十

导读

在军队作战中，如何抢占地理先机、把握地形优势，对于能否取得战争的胜利至关重要。《孙子兵法》中多次谈到了如何应对军事地形的问题，如《军争》《行军》等篇目均有所涉及。其中，专门论述战术地形及其在作战中的地位和影响的就是《地形篇》。本篇大致由三部分组成，首先孙子对作战中常见的六种地形进行了概括，简称“六形”，并提出了在不同的地形中要采取的应敌措施。随后，孙子又总结出了“六败”，也就是军队在哪六种情况下会必然失败。地形作为一种客观的自然地理条件，在作战中起到很关键的作用，但究竟能否将“地形之利”发挥到极至，军队将领仍然起着决定性的作用。在本篇篇末，孙子提出了衡量一个优秀军队将领的相关标准，如“料敌制胜，计险厄远近”“进不求名，退不避罪，唯人是保，而利于主”等。

开篇孙子首先对军事作战中遇到的六种地形进行了概括——“通、挂、支、隘、险、远”。那么，这六种地形分别是什么意思呢？遇到不同地形时应该采取的行动方针和作战措施呢？孙子下面做了进一步的阐释。我军可以前往，敌军也可以前往的地方叫做“通”，在这样的地带，应该先占据向阳的高地，这样有利于保证粮道的畅通，对于作战很有利处。可以前往，却难以返回的地形叫“挂”，在这种地带采取的行动要根据敌军的动作进行判断，如果敌人没有防备，可以出击战胜它，如果有防备，出击不但不会取得胜利，还会难以返回，对我军不利。“支”是指无论我军还是敌军，出击都不会获利的地带，在这样的地形条件下，即使敌人用利益诱惑我，我军也不要出击，而应当引兵离去，当敌人前出到一半的时候再回兵攻击，这样我军就取得了有利的战局。在“隘”形地带，也就是通道狭窄的隘口地形，我军应当先于敌人占领它，并且封锁住隘口，等待敌人；如果让敌人抢占了先机，先于我军占领了隘口，并且用重兵加以把守的话，就不要硬攻；但如果敌人尚未封锁住隘口，我军仍然可以前去攻打。在地形较为艰险梗塞的“险”形地带，我军同样要先于敌人占领，控制住向阳的高地等待敌人来攻；若是被敌人抢占了先机，那么我方应当引兵撤离，不能与敌人正面交锋。最后一种地形是“远”，是指敌对双方相距较远的集结地域。这种地形对于敌我双方都不利于发起进攻，那么，就不应该急于发起挑战。地形是客观的，然而如何在不同的地形中应战，却可以根据军队将领的指挥来发挥主观能动性。所以，在总结了六种作战地形之后，孙子进一步强调“凡此六者，地之道也，将之至任，不可不察也”，如何在不同的地形中采取适当的作战策略，是领军将领的重大责任。

我们以古代战争为例对上述“六形”做进一步说明。比如，“‘隘’形者，我先居之，必盈之以待敌；若敌先居之，盈而勿从，不盈而从之”。吴如嵩《<孙子兵法>十三讲》中所举的公元前506年孙子亲自参与的吴楚之战就是非常典型的一个作战实例。当时吴军沿淮河逆流而上，采取突然袭击的战略进攻楚国。之所以这一仗获得成功，吴军顺利地通过隘口义阳三关是重要原因之一。这个义阳三关，当时叫作大隧、直辕和冥阨，都是很险隘的地方。当时的吴军迅速地通过这三关险隘之后，顺利地向汉水挺进，在作战中赢得了主动地位。所以孙子认为，如果敌人已经派重兵封锁了隘口，就不应该轻易发起进攻。再如，“‘险’形者，我先居之，必居高阳以待敌；若敌先居之，引而去之，勿从也”，北宋初年宋军攻打北汉的战例。由于当时北汉有辽国的支持，只要宋军去打它，辽军就出动援助，所以宋军常常是无功而返。如果能够阻遏辽军，便能去打北汉了。公元979年，宋太宗决定御驾亲征，命令将军郭进执行截击辽军的任务。郭进受命之后迅速占据险形白马岭。白马岭不仅险峻，而且两山之间有一条飞湍的急流，很难泅渡。辽军急于救援北汉，冒险渡涧，宋军居高临下，箭如雨下，重创辽军，为宋军主力攻打北汉创造了有利条件。

随后，孙子又分析了“走”“弛”“陷”“崩”“乱”“北”六种军队失败的情况。同“六形”一样，孙子也强调领军将帅在其中的重要性，“凡此六者，非天之灾，将之过也”。他指出，这六种军队战败的情况并不是天灾，而是由于将领的过失造成的。比如说第一种情况，“夫势均，以一击十，曰走”，意思是说，在敌我双方势均力敌的情况下，由于以一击十造成军队败逃的，叫做“走”。历史上在刘秀统一的战争中，吴汉攻打巴蜀的战例较为典型。公元36年，刘秀命令吴汉率军三万，从今四川乐山逆长江而上，进攻成都的公孙述。吴汉连连获胜，进逼成都。这时刘秀致信告诫吴汉说，“成都十余万众，不可轻也。但艰据广都，待其来攻，勿与争锋。若不敢来，公转营破之。须其力疲，乃可击也”。吴汉不听，扎营城北，另外命令副将刘尚屯驻江南。刘秀得报大惊，严斥吴汉分兵轻敌，令其迅速退守广都。结果不出刘秀所料，刘秀的诏命还没有到，公孙述就已经派重兵围攻吴汉，另派一部牵制刘尚。经过激战，吴汉终于因为寡不敌众，败守营垒。吴汉遭此惨败之后，深感兵力分散之误，于是与诸将商议，利用夜暗，突然急行军秘密移师江南，与刘尚会合，终于反败为胜。在这场战争中，吴汉就犯了“以一击十”分散兵力的错误，差点儿铸成大错。又如“卒强吏弱，曰弛；吏弱卒强，曰陷”，由于士卒强悍而将吏懦弱导致的作战失败称作“弛”；相反，若是因为士卒懦弱但将吏强悍而导致的失败叫做“陷”。比如，公元822年，唐穆宗时期，魏博节度使田布奉命率领魏博军讨伐王延凑。但是田布无力驾驭魏博军，魏博军轻视他，数万人骑着毛驴在军营乱窜，他都无力去管。其部属史宪诚等抗命不遵，作战时士兵们不战自溃，软弱无能的田布只好刺心自尽，年仅38岁。由此来看，“卒强吏弱”问题是军队作战中的大忌。

无论是“六形”还是“六败”，孙子都强调了军队将帅在领军中的重要作用。所以，在后一部分中，孙子对将帅领军作战应该具有的军事素质提出了具体的要求——“进不求名，退不避罪，唯人是保，而利合于主，国之宝也”。作为一名将帅，要做到进不为求名，退不避罪责，只求保护民众，维护君主的利益。不仅如此，一名优秀的将领还应该处理好与士卒的关系——“视卒如婴儿，故可与之赴深溪；视卒如爱子，故可与之俱死”。如果对待士卒像对待婴儿一样，那么就可以与之共赴河谷山涧；如果对待士卒像对待爱子一样的话，那么就可以与之同生共死了。相反，“厚而不能使，爱而不能令，乱而不能治，譬若骄子，不可用也”，如果对待士卒厚养而不使用，溺爱却不能够让其服从命令，违法乱纪也不能够治理，就好比骄纵的孩子一样，这样是不能够领兵作战的。

最后，孙子总结了取得战争胜利的几种条件，“知吾卒之可以击，而不知敌之不可击，胜之半也；知敌之可击，而不知吾卒之不可以击，胜之半也；知敌之可击，知吾卒之可以击，而不知地形之不可以战，胜之半也”。了解我方士卒可以出击，却不了解敌方的士卒不可攻击，获胜的概率只有一半；了解敌方士卒可以攻击，却不了解我方士卒不可出击，获胜的概率也只有一半；了解敌方士卒可以攻击，也了解我方士卒可以出击，却不了解地形条件不可以作战，获胜的概率也只有一半。因此，“知兵者，动而不迷，举而不穷”，懂得用兵的将领，他在指挥军队作战时是不会迷惑的，他的作战策略也会变化无穷。“知彼知己，胜乃不殆；知天知地，胜乃可全”是孙子对全篇也是对作战规律的一个高度概括——既了解敌方情况，也熟悉我方情况，这样才能够获胜；懂得天时地利，胜利就会无穷无尽。

【原典】

孙子曰：地形[①]有“通”者，有“挂”者，有“支”者，有“隘”者，有“险”者，有“远”者。我可以往，彼可以来，曰“通”[②]；“通”形者，先居高阳[③]，利粮道，以战则利。可以往，难以返，曰“挂”[④]；“挂”形者、敌无备，出而胜之；敌若有备，出而不胜，难以返，不利。我出而不利，彼出而不利，曰“支”[⑤]；“支”形者，敌虽利我，我无出也；引而去之，令敌半出而击之，利。“隘”形者，我先居之，必盈之以待敌[⑥]；若敌先居之，盈而勿从，不盈而从之[⑦]。“险”形者，我先居之，必居高阳以待敌；若敌先居之，引而去之，勿从也。“远”形者，势均，难以挑战，战而不利[⑧]。凡此六者，地之道也；将之至任[⑨]，不可不察也。

【注释】

①地形：地势、地理条件。这里孙子根据地形、地势对于军事行动的利害关系，但地形分成了六种，并一一进行了详细分说。

②我可以往，彼可以来，曰“通”：敌我双方军队可以自由进出的地形，称为“通”。

③先居高阳：驻扎在高地与向阳之处。

④可以往，难以返，曰“挂”：可以进军，但是难以返回的，称为“挂”。挂，悬挂、牵碍。

⑤我出而不利，彼出而不利，曰“支”：我军进入会失败，敌军进入也会失败，这种地形叫作“支”。支，对峙。

⑥“隘”形者，我先居之，必盈之以待敌：盈之，满溢的样子。在有隘口的地方，如果我先占据了，一定要冲出隘口，在隘口外重兵布防。

⑦不盈而从之：敌人没有占领隘口，就可以和他们作战。

⑧“远”形者，势均，难以挑战，战而不利：被称为“远”的地形，双方势均力敌，勉强挑起战斗，也会失利。

⑨将之至任：将领最关键、最重要的责任。

【译文】

孙子说：地形有“通”“挂”“支”“隘”“险”“远”六种情况。我军可以去，敌军可以来，（交通便利）的地形叫作“通”。在这种地形作战，应先占领高地，保证粮道畅通，作战就比较有利。可以前进，难以后退的地形叫作“挂”。在“挂”地作战，敌人没有准备，突然攻击便可获胜，但如果敌人有所准备，出击不能取胜，又难以退兵，就很不利了。我军进攻不便，敌人进攻也不便，这种地形叫“支”。在“支”地作战，敌军以小利诱，我军也不能出击；可带领军队撤退，等敌人进军一半时再反攻，比较有利。在两山间有狭窄通谷的“隘”地形作战，如果我先占领，一定要在山谷口布重兵以迎击敌人；若敌人先占据隘口，重兵据守，就不要去进攻；如果敌人兵力不足，则可以进攻。在“险”地作战，如果我军先进驻，一定要选择高地向阳之处来等待敌人；

如果敌人先占据了，就领军离去，不要进攻敌军。在“远”地作战，双方情况对等，难以主动挑战敌军，不利作战。以上六个方面，是根据地形（作战）的基本原则；（了解这些）是将帅的重要责任，不能不认真研究。

【原典】

故兵有“走”者[①]，有“弛”者，有“陷”者，有“崩”者，有“乱”者，有“北”者。凡此六者，非天之灾，将之过也。夫势均，以一击十，曰“走”[②]；卒强吏弱，曰“弛”[③]；吏强卒弱，曰“陷”[④]；大吏怒而不服，遇敌怼而自战，将不知其能，曰“崩”[⑤]；将弱不严，教道不明，吏卒无常，陈兵纵横，曰“乱”[⑥]；将不能料敌，以少合众，以弱击强，兵无选锋，曰“北”[⑦]。凡此六者，败之道也；将之至任，不可不察也。

【注释】

①故兵有“走”者：此处的兵指败兵。走，退却。句意为军队打了败仗有退兵的情况。本段中一共提到了败兵的六种情况，走、弛、陷、崩、乱、北，并做了详尽的解释。

②夫势均，以一击十，曰“走”：两军势均力敌，却用少数军队迎战十倍的敌人，不敌败退，叫作“走”。

③卒强吏弱，曰“弛”：兵卒强悍，军吏柔弱，军纪涣散，叫作“弛”。

④吏强卒弱，曰“陷”：军吏勇武，兵卒素质很差，在战场上跟不上，导致军将被俘被杀而导致失败，叫作“陷”。

⑤大吏怒而不服，遇敌怼而自战，将不知其能，曰“崩”：军队的高级将领心怀怨恨、不服从指挥，遇到敌军善自出战，将领却不能很好控制，叫作“崩”。

⑥将弱不严，教道不明，吏卒无常，陈兵纵横，曰“乱”：最高指挥羸弱，不能严格控制军队，管教不明白，军吏士卒不守军纪，排兵布阵混乱，这种情况叫作“乱”。

⑦将不能料敌，以少合众，以弱击强，兵无选锋，曰“北”：

最高指挥不能预测敌军情况，用少数军队迎战敌人大部队，用弱势兵力迎战敌人的强兵，军队没有精锐担任主攻，这种情况导致的失败叫作“北”。

【译文】

所以行军作战有“走”“弛”“陷”“崩”“乱”“北”六种情况。这六种情况，不属于天灾，是将领的问题。双方地势相同，以一击十（造成溃逃的），叫“走”。兵卒强悍，军官懦弱，叫作“弛”。军官勇悍，但士卒懦弱的，叫作“陷”。手下将领心存怨怒，不服从指挥，遭遇敌军擅自交战，主将不了解他们的能力（而无法控制），叫作“崩”。主将怯懦，管理不严，教导不善，官兵关系无序，行军布阵杂乱无章，叫作“乱”。将领不能预判，用少击众，以弱击强，没有选择精锐兵卒组成前锋，叫作“北”。这六种情况，都是打败仗的根源，（了解这些）是将帅的重要责任，不能不认真研究。

【原典】

夫地形者，兵之助也[①]。料敌制胜，计险厄远近[②]，上将之道也。知此而用战者必胜，不知此而用战者必败。

【注释】

①夫地形者，兵之助也：地形是指挥军队作战的辅助条件。

②计险厄远近：计算地势的险要与否、远近与否。厄，险要。

【译文】

（了解）地形是用兵的帮助。预判敌情，制定取得胜利的战略，考察地形的险峻情况、路途远近，是主将的职责所在。掌握这些因素并应用到作战中的将领必胜，不懂得这些而指挥作战的将领，必败。

【原典】

故战道必胜，主曰无战[①]，必战可也；战道不胜，主曰必战，无战可也。故进不求名[②]，退不避罪[③]，唯人是保[④]，而利合于主[⑤]，国之宝也。

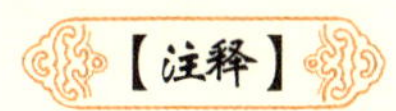

①主曰无战：国君命令不许出战。

②进不求名：进攻不是为了名声。

③退不避罪：撤退不是为了躲避罪责。

④唯人是保：只求保全“人”。本句中，人指军卒和民众。

⑤利合于主：符合国君的利益。

【译文】

依照战争规律或战场实际必胜的情况，君主说不要出战，将领坚持出战是可以的；依照战争规律或战场实际必然失败的情况，君主坚持出战，将领拒绝出战是可以的。所以进军不求功名，撤退不逃避罪责，只求保护民众，有利于国君，（这种将领）是国家之宝。

【原典】

视卒如婴儿，故可与之赴深溪[1]；视卒如爱子，故可与之俱死。厚而不能使[2]，爱而不能令[3]，乱而不能治，譬若骄子[4]，不可用也。

【注释】

①视卒如婴儿，故可与之赴深溪：对待军卒如同孩子，那么就可以同他们一起去跳入深深的溪水，比喻可以同生共死。下一句意义相同。

②厚而不能使：厚，厚待、优待。厚待军卒却不能指挥。

③爱而不能令：爱惜军卒却不能指派。

④譬若骄子：如同被娇惯的孩子。

【译文】

如关心婴儿般看待士卒，就可以同他们共赴险地；如关心儿子般看待士卒，就可以与他们同生死。如果厚待士卒却不能任用他们，如果宠溺士卒却不能命令他们，士卒违法乱纪而不能惩处，如同骄纵的孩子，是不可用于作战的。

【原典】

知吾卒之可以击，而不知敌之不可击，胜之半也；知敌之可击，而不知吾卒之不可以击，胜之半也；知敌之可击，知吾卒之可以击，而不知地形之不可以战，胜之半也。故知兵者，动而不迷①，举而不穷②。故曰：知彼知己，胜乃不殆；知天知地，胜乃可全。

【注释】

①动而不迷：军事行动不会迷路。

②举而不穷：举，措施。各种措施变化无穷。

【译文】

知道我军能作战，却不知敌方不可以被攻击，胜利的可能只有一半；知道敌方可被攻击，而不知我军无力进攻，胜利的可能只有一半；知道敌方可以被进攻，知道我军能作战，但不知道地形不利于作战的，胜利的可能只有一半。所以知道用兵的将领，他的行动准确不迷乱，举措随机应变，变化无穷。因此，了解对方又了解自己，就会取得胜利而没有危险；通晓天时地利，就会取得全胜之局。

《九地篇》第十一

导读

曹操曰：“欲战之地有九。”

《九地篇》是《孙子兵法》十三篇中字数最多的一篇，全篇约一千二百字，篇幅超过了全书的六分之一。篇名为“九地”，顾名思义，本篇所讲的是在行军作战中遇到的九种地形。那么，同样论述的是地形，它与上篇《地形篇》有什么区别呢？赵本学曰：“上篇《地形》之地，排兵布阵之地也，以宽狭险易言之。《九地》之地，侵伐所至之地也，以浅深轻重言之。兵之所至，其地有九等，其法不同，大要皆本于人情。善用兵者，深达人情之理，驭之以术，发之以机，则人可用而地不困。《孙子兵法》是篇，首序地法于前，次究人情于后，且复覆说而再申之，详尽周密，毫发无损，其秘旨隐诀告人尽矣。”由此可见，上篇《地形篇》所叙述的六种地形，主要是从排兵布阵的角度对作战地形进行划分；而本篇则是“本于人情”，也就是根据士兵作战的心理特点，从我军进入敌军境地的角度出发所划分的九种作战类型。该篇强调的是在不同的作战条件下我军士卒的作战心理和作战状态，以及也要把握敌军的应战心理，并以此为依据来采取相应的作战策略。

在本篇中，孙子提出了“主”“客”的概念。在古代兵书中，防守的一方称为“主”，进攻的一方称为“客”。本篇是从我方军队作为“客”深入敌军的角度来阐述的。吴如嵩按照孙子讲述的“为客之道”，按照文章排列顺序分为九个问题，分别是：明九地，打要害，求速决，激士气，一众心，置死地，结友邻，千里杀将，秘密决策。我们大致将其归纳为三个方面：分析九种作战地形；根据我军士卒作战心理采取用兵战略，如把握士卒在深入敌军内部时的心理状况，深入敌军内部，令其置之死地而后生，加强军队内部的团结等；把握敌军心理采取的作战原则和应敌战略，如兵贵神速，扩张自身势力而不汲于与邻国结交，作战中要灵活多变，注意把握时机等。

孙子在第一段中列出了“九地”——“用兵之法，有‘散地’，有‘轻地’，有‘争地’，有‘交地’，有‘衢地’，有‘重地’，有‘圮地’，有‘围地’，有‘死地’”。那么，这“九地”分别是什么意思，在不同的地形中应该采取什么样的军事战略，孙子进一步论述：“诸侯自战其地，为‘散地’。入人之地而不深者，为‘轻地’。我得则利，彼得亦利者，为‘争地’。我可以往，彼可以来者，为‘交地’。诸侯之地三属，先至而得天下之众者，为‘衢地’。入人之地深，背城邑多者，为‘重地’。行山林、险阻、沮泽，凡难行之道者，为‘圮地’。所由入者隘，所从归者迂，彼寡可以击吾之众者，为‘围地’。疾战则存，不疾战则亡者，为‘死地’”。诸侯在本国土地上作战，叫作“散地”；进入敌国不深来作战，叫作“轻地”；我方能从中得利，敌方也能够从中得利的地区，叫作“争地”；我军可以前往，敌军也可以到达的地区，叫作“交地”；毗邻多个诸侯国，先达到就能获得他国援助的，叫作“衢地”；已经深入到敌国境地，远离本国土地的，叫作“重地”；山林、险阻、沼泽、道路难以通行的地区，叫作“圮地”；入口狭窄，道路迂回，敌人用少量兵力就能够击败我军的，叫作“围地”；只要奋勇抗敌，速战速决才能够避免灭亡的，叫作“死地”。由此我们可以看出，孙子划分“九地”的视角是我军深入敌军内部的深浅、战况的险恶，划分标准则是士卒在不同条件下的作战心理。那么，应该采取什么样的军事策略呢？“是故‘散地’则无战，‘轻地’则无止，‘争地’则无攻，‘交地’则无绝，‘衢地’则合交，‘重地’则掠，‘圮地’则行，‘围地’则谋，‘死’地则战”，所以，在“散地”不要作战，在“轻地”不要停留，在“争地”不要进攻，在“交地”就不要阻断交通，在“衢地”则要结交诸侯，在“重地”则要掠夺粮草物资，在“圮地”要快速通过，在“围地”要小心谋划，在“死地”就要拼死作战。可见，采取的军事战略也是根据兵卒作战心理来决定的。

通过第一段我们可以看出，孙子是在为后文中具体谈到军队将领如何利用士卒作战心理时采取不同的军事策略做铺垫。在后文的论述中，孙子反复强调要利用士卒的这个心理，令其全力以赴，有破釜沉舟之势，这样才能够团结一致，最终取得战争的胜利。例如，孙子所说的“为客之道”——“深入则专，主人不克；掠于饶野，三军足食；谨养而勿劳，并气积力，运兵计谋，为不可测。投之无所往，死且不北，死焉不得，士人尽力。兵士甚陷则不惧，无所往则固，深入则拘，不得已则斗。是故其兵不修而戒，不求而得，不约而亲，不令而信。禁祥去疑，至死无所之。吾士无余财，非恶货也；无余命，非恶寿也。令发之日，士卒坐者涕沾襟，偃卧者涕交颐。投之无所往者，诸、刿之勇也”。意思是说，凡是进入敌国作战，作战原则是要深入到敌国内部，因为只有这样才能够让士卒专心作战。把士卒投置于走投无路的境地，他们只有奋勇抗战这一条道路可以选择，所以必然会置之死地，全力以赴。士卒在死地作战，不需要强加治理，他们就会有戒敌之心，不作要求他们就有高昂的作战意志，即使不加以约束，他们也能够彼此团结一致，遵守纪律，决战到底。最终激发出他们的“诸、刿之勇”。诸，即专诸，是春秋时期吴国的勇士；刿，即曹刿，是春秋时期鲁国的武士。

又如“帅与之期，如登高而去其梯；帅与之深入诸侯之地，而发其机；焚舟破釜，若驱群羊，驱而往，驱而来，莫知所之。聚三军之众，投之于险，此谓将军之事也”，将帅与士卒约定作战任务，要做到如同登上高处之后把士卒的梯子抽掉一样，使士卒没有后退的道路，只好拼死一搏；军队深入诸侯土地，要让士卒好比是发射出的箭弩一样一往直前；要焚烧船只，砸破炊具，激发士卒们决一死战的勇气。把三军的士气集合起来，将他们置于危险的境地，使他们奋勇杀敌，这就是将军的任务。历史上著名的巨鹿之战中，项羽为了一举击破秦军，下令破釜沉舟，打破炊具，砸沉船只，烧毁庐舍，每个人只能带三天的粮食，以此激发战士们殊死奋战的决心。最终，项羽一声令下，军队以雷霆万钧之势杀向秦军，九战九捷，大破秦军。其中就体现了孙子所分析的这个作战原则，也就是后文中再次强调的“投之亡地然后存，陷之死地然后生，夫众陷于害，然后能为胜败”。

在本篇中，孙子多次谈到跟敌军交战的一些作战原则，如兵贵神速、趁虚而入、团结一致等，实施这些原则，同样也是在把握敌我双方军队的心理状态下而采取的。例如“所谓古之善用兵者，能使敌人前后不相及，众寡不相恃，贵贱不相救，上下不相收，卒离而不集，兵合而不齐。合于利而动，不合于利而止。敢问：‘敌众整而将来，待之若何？’曰：‘先夺其所爱，则听矣’。”这段话的意思是说，出兵与敌人交战，要做到让敌人应接不暇，让敌军的不对前后不能照应，大小部队不能彼此依靠，官兵之间无法接济，敌军上下失去联系，部队散乱无法集中作战，这样我们就能够趁机机构，将敌军一举攻下。但如果敌军整装待发的话，我军在战略上要首先夺取敌人所重视的条件，这样的话我方就取得了战斗中的主导地位，敌军就会听从我方差遣。

孙子还强调，在与敌军作战的过程中要把握好时机，出其不意，攻其不备，也就是著名的“兵贵神速”的作战理论——“兵之情主速，乘人之不及，由不虞之道，攻其所不戒也”。要在敌人毫无防备的情况下进行突击。文中还提到，“是故政举之日，夷关折符，无通其使；厉于廊庙之上，以诛其事，敌人开阖，必亟入之。先其所爱，微与之期。践墨随敌，以决战事”。每一个作战环节，我军都要做好相应的部署，伺机而动，时机一旦成熟，果断采取行动，那么必然会势如破竹，节节而胜。在战争谋划制定的作战初期，我军要封锁关口，销毁通行证件，不许敌国使者往来，君臣要在庙堂上反复推敲研究，做出最佳的战略部署。一旦敌军露出破绽，就要迅速乘机而入，首先夺取敌人最重要的要地，不要与敌人约期作战，既要严格遵循作战计划，又要根据实际战况灵活机动地调整作战策略。孙子用一个比喻形象生动地描绘了不同作战阶段我军的状态，“是故始如处女，敌人开户，后如脱兔，敌不及拒”。军事行动开始阶段要像未嫁的女子一样沉静柔弱，这样敌人就会打开门户，放松警惕；敌人一旦打开门户，我军就要像逃脱的兔子一样，迅速出击，那么敌人就会猝不及防，来不及抵抗。

加强军队团结一致，让军队上下一心，“齐勇若一”，就像“率然”蛇一样，“击其首则尾至，击其尾则首至，击其中则首尾俱至”，这也是孙子在本篇中提出的重要作战原则。孙子以吴、越相争又相济的例子来进一步阐述这个观点，“夫吴人与越人相恶也，当其同舟而济，遇风，其相救也，如左右手”，吴国越国虽然互相仇恨，但当他们乘坐同一艘船渡河遇到大风时，却向对方伸出了援助之手，互相救援，就像左手和右手一样。要是军队也能够团结一致，“齐勇若一”，“携手若使一人”，那么必然会取得作战的胜利。

因此，通篇来看，孙子在《九地篇》中论述的重点在于从军队的心理特点出发采取相应的军事战略，并要求军事将领能够根据敌我双方士卒的心理特点，激发出我军将士的全部士气，让他们奋勇杀敌；还要统筹作战策略，善于抓住作战时机，趁虚而入，让敌人猝不及防。

【原典】

孙子曰：用兵之法，有“散地”，有“轻地”，有“争地”，有“交地”，有“衢地”，有“重地”，有“圮地”，有“围地”，有“死地”。诸侯自战其地，为“散地”①。入人之地而不深者，为“轻地”。我得则利，彼得亦利者，为“争地”。我可以往，彼可以来者，为“交地”。诸侯之地三属，先至而得天下之众者，为“衢地”②。入人之地深，背城邑多者，为“重地”。行山林、险阻、沮泽，凡难行之道者，为“圮地”。所由入者隘，所从归者迂，彼寡可以击吾之众者，为“围地”③。疾战④则存，不疾战则亡者，为“死地”。是故“散地”则无战，“轻地”则无止⑤，“争地”则无攻，“交地”则无绝⑥，“衢地”则合交⑦，“重地”则掠，“圮地”则行，“围地”则谋，“死地”则战。

【注释】

①诸侯自战其地，为“散地”：在本国领土上作战，士兵容易留恋家庭，容易散走。

②诸侯之地三属，先至而得天下之众者，为“衢地”：与多个诸侯国家接壤，先到就能得到战争的先机，赢得天下之众的，叫做“衢地”。

③所由入者隘，所从归者迂，彼寡可以击吾之众者，为“围地”：隘，狭窄险要；迂，路途遥远；敌人军队虽然数量少却能够抵挡我军的多数军队的，这种地形为“围地”。

④疾战：勇猛地作战。

⑤“轻地”则无止：在“轻地”上作战不要停止，继续进军。

⑥无绝：军队要保持联络顺畅。绝，断绝、隔绝。

⑦交合：结交诸侯，做好外交工作。

【译文】

孙子说，兵法，有“散地”“轻地”“争地”“交地”“衢地”“重地”“圮地”“围地”“死地”等情况。诸侯国在本国土地作战，是“散地”；进入敌国国境不深的，是“轻地”；我军占据有利，敌军占据也会有利的，是“争地”；我军可以通过，敌军也可以通过的，是“交地”；同几个诸侯国的领土接壤，先占据就会得到各方援助的，是“衢地”；深入敌国境内，敌国的城镇密集的，叫“重地”；行军在山岭、森林、危险之地、江河沼泽等难以通过的地方，叫做“圮地”；入口很狭窄，后退的路迂回，敌军少量兵力就可以迎击我军大部队，（这样的地形）叫作“围地”；迅速勇猛地作战就能生存，不迅速勇猛地作战就会被消灭，是“死地”。

所以，在“散地”不要作战，在“轻地”不要停留，在“争地”不要进攻，“交地”就不要阻断交通，“衢地”则要结交诸侯，“重地”则要掠夺（给养），“圮地”要快速通过，“围地”要小心谋划，在“死地”就要拼死作战。

【原典】

所谓古之善用兵者，能使敌人前后不相及，众寡不相恃[①]，贵贱不相救，上下不相收[②]，卒离而不集，兵合而不齐。合于利而动，不合于利而止。敢问：“敌众整而将来，待之若何？”曰：“先夺其所爱，则听矣”[③]。兵之情[④]主速，乘人之不及，由不虞[⑤]之道，攻其所不戒也。

【注释】

①众寡不相恃：恃，依赖。敌军的大部队、小部队之间互相支援、协同。

②上下不相收：收，统帅、收拢、协调。军队上下不能互相统属。

③先夺其所爱，则听矣：先占据、攻取敌人所注重的要害，就能够诱使敌人就范。

④兵之情：情，情理。指挥军队的道理。

⑤不虞：料想不到的。

【译文】

古时善于指挥作战的人，能使敌人前后军无法接续，主力与小部队不能相依靠，将领士兵不能相救援，上下无法协调，士卒离散而不能集中，对阵交战军队汇聚却无整齐阵型。对我有利就立即行动，对我无利就停止行动。或许有人问：“敌军人数众多、阵势严整地向我进攻，如何对待？”答：“先夺取敌人所重视的，就能使敌军听我调遣了。”用兵的要旨贵在神速，赶在敌人到达之前（抵达），通过敌人想不到的路线（抵达），进攻敌人没有防备的地方。

【原典】

凡为客之道[①]：深入则专，主人不克[②]；掠于饶野[③]，三军足食；谨养而勿劳，并气积力[④]，运兵计谋，为不可测。投之无所往[⑤]，死且不北[⑥]，死焉不得[⑦]，士人尽力。兵士甚陷则不惧[⑧]，无所往则固，深入则拘[⑨]，不得已则斗。是故其兵不修而戒[⑩]，不求而得，不约而亲，不令而信。禁祥去疑[⑪]，至死无所之[⑫]。吾士无余财，非恶货也；无余命，非恶寿也。令发之日，士卒坐者涕沾襟，僵卧者涕交颐。投之无所往者，诸、刿之勇[⑬]也。

【注释】

①为客之道：作为客军在敌国境内作战。

②主人不克：在本土作战的敌军不能取胜。

者，围地也；无所往者，死地也。

是故“散地”，吾将一其志[②]；“轻地”，吾将使之属[③]；“争地”，吾将趋其后；“交地”，吾将谨其守；“衢地”，吾将固其结[④]；“重地”，吾将继其食[⑤]；“圮地”，吾将进其途[⑥]；“围地”，吾将塞其阙[⑦]；“死地”，吾将示之以不活[⑧]。

故兵之情：围则御，不得已则斗，过则从[⑨]。

【注释】

①深则专，浅则散：深，深入敌国境内。浅，进入帝国境内不远。专，军心整齐。散，军心涣散。

②一其志：使军队意志专一。

③使之属：属，联系。使军队紧密联系。

④固其结：巩固与诸侯的结盟。

⑤继其食：食，军粮补给。要保障军粮后勤。

⑥进其途：进，进攻、进军。占据它的主要通道。

⑦塞其阙：阙，通“缺”，缺口。堵塞缺口。

⑧示之以不活：展现出拼死一战的意志。

⑨过则从：过，深深地陷入了险境。从，听从。当军队陷入危机时就会对主帅言听计从。

【译文】

在敌国作战的规律是：进入敌境越深，军心就越稳固；进入敌境越浅，队就容易涣散。离开本土深入敌境作战，叫作“绝地”；四通八达的战地是“衢地”；进入敌境深入之地，叫“重地”；进入敌境不远的地方，就是“轻地”；背靠险固、面前有狭隘通路的地方叫“围地”；无路可走的地方叫“死地”。因此，在散地上，要统一全军意志；在轻地上，要使军队密切联系；在争地上，就要使部队迅速绕到敌军侧后；在交地上，就要谨慎防守；在衢地上，就要巩固与邻国的联盟；在重地上，就要补充军粮军需；在圮地，就要迅速通过；陷入围地，就要堵上缺口；在死地，就要下殊死战斗的决心。

所以，军队的一般心理是：被包围就会合力抵御，不得已时就与之期，如登高而去其梯[3]；帅与之深入诸侯之地，而发其机[4]；焚舟破釜，若驱群羊，驱而往，驱而来，莫知所之。聚三军之众，投之于险，此谓将军之事也。九地之变，屈伸之利[5]，人情之理，不可不察。

【注释】

①静以幽，正以治：冷静沉着到了有神莫测的地步。端庄严肃治理军队有条不紊。

②易其事，革其谋：改变正在做的事情，修正计谋。

③帅与之期，如登高而去其梯：期，约定。主帅与部队约定、给予命令，就如同派遣其登到高处然后撤去梯子一样，使军队无路可退。

④发其机：机，弩机。指派遣军队出击要向弩箭发射一样一往无前。

⑤屈伸之利：战线扩张收缩、作战积极进攻还是全力防御，各种战术变化之利。

【译文】

做军队主帅，要安静而深沉，公正严明来治理。能够蒙蔽士卒的所见所闻，使军卒对军事行动毫无所知。改变行动，改变作战部署，使士兵无法知道真正的目的；改变他们的驻地，迂回行军，使士兵们考虑不出真实的作战意图。主帅与将领约定出兵，就要如同登高之后撤去梯子，（使之无法退避）。主帅与将领深入到敌国腹地，就像弩箭被击发一样（一往无前）。烧掉船只，砸掉军锅，仿佛驱赶羊群一样，赶过来，赶过去，士卒们不知道要到什么地方去。聚集起全军的力量，投入到危险之地，这就是领兵作战的主帅的任务。“九地”变化之理，攻防进退的好处害处，军队心理的把握，都必须要思考清楚。

【原典】

凡为客之道：深则专，浅则散[1]。去国越境而师者，绝地也；四达者，衢地也；入深者，重地也；入浅者，轻地也；背固前隘不是因为讨厌长寿。作战命令发布之日，站着的士兵涕泪沾襟，躺着的士兵泪流满面，（做好了死战的准备）。将士兵置于走投无路的境地，他们就会有专诸、曹刿一样的勇气了。

【原典】

故善用兵者，譬如“率然”[①]；“率然”者，常山之蛇也。击其首则尾至，击其尾则首至，击其中则首尾俱至。敢问：“兵可使如‘率然’乎？”曰：“可。”夫吴人与越人相恶也，当其同舟而济，遇风，其相救也，如左右手。是故方马埋轮[②]，未足恃也；齐勇若一，政之道也；刚柔皆得，地之理也。故善用兵者，携手若使一人，不得已也。

【注释】

①率然：蛇的名字。

②方马埋轮：方，束缚，捆绑。将战马捆绑在一起，将车轮埋起来，（使军卒无所逃）只能拼死一战。

【译文】

所以善于用兵的人，就像“率然”一样。“率然”是常山的一种蛇。攻击蛇头，则蛇尾会过来救援；攻击蛇尾，蛇头会过来救援；攻击蛇身中部，则蛇头蛇尾都会过来救援。试问：军队的指挥可以做到“率然”这样吗？回答：可以。吴国人与越国人彼此敌视，但他们坐在一条船里渡河，遇到风浪之际，也会互相救援，就像左右手一样默契。所以，（作战时为了使军阵稳固）把马绑在一起，把车轮埋在地下的做法是不足取的。使全军齐心奋勇，是组织指挥得法；使全军强、弱军卒都发挥作用，是善于运用地形条件。所以善于用兵的人，使全军上下齐心合力如同一个人，是因为严峻的形势使他们不得不如此。

【原典】

将军之事：静以幽，正以治[①]。能愚士卒之耳目，使民无知。易其事，革其谋[②]，使民无识；易其居，迂其途，使民不得虑。帅

③饶野：出产富饶的田野。

④并气积力：并，合拢、聚集在一起。句意为聚集力量。

⑤投之无所往：投，置于……之地。往，退走。将军队置于无路可退的地步。

⑥北：败退。

⑦死焉不得：死且不怕，有什么不能得到的呢？

⑧甚陷则不惧：甚，非常。陷，陷入……的境地。句意为军队士卒处于非常危险的境地，也就不再会感到恐惧了。

⑨无所往则固，深入则拘：拘，拘禁。无路可走，军队就会阵线稳固；深入敌军的围困，军卒自然就不会散漫了。

⑩修：整治。

⑪禁祥去疑：祥，吉凶的预兆。禁止占卜等迷信活动，消除部队的疑虑心理。

⑫至死无所之：之，不会逃跑。句意为拼死作战不会逃跑。

⑬诸、刿之勇：指如同专诸、曹沫一样勇敢。这两个人都是春秋时期著名的勇士。专诸，春秋末期吴国人，曾为吴公子光（阖闾）与伍子胥刺杀吴王僚。著名的鱼肠剑的典故就出自专诸的故事。刿，曹刿，春秋时期鲁国勇士，在齐鲁两国会盟之际时，曾经用武力胁迫齐军订立盟约，收回失地。

【译文】

在敌国境内作战的原则：越深入敌境，士兵会越专心作战，敌军则不宜取胜；在丰饶的田野上掠夺，军队的给养就会充分；认真休养军队不要使军队疲惫，提高士气，积蓄力量，布置兵力，做好谋划，使敌人无法判断（我军的行动）。将军卒置于走投无路的境地，士卒们战死也不逃走，既然士卒们死都不怕，就会尽力作战了。士兵们深入险地，就无所畏惧，无路可走则军心稳固，深入敌国就不会溃散，迫不得已而拼死战斗。所以，军队不用整治、训诫就会做好戒备，不要求也能完成任务，不约束就能互相支持，不用严令也会信守纪律。制止迷信，消除疑虑，战斗到死都不会逃脱。我军士兵没有多余的财物，不是因为厌恶财富；我军士兵不惜命，会殊死战斗，陷于险境就会服从指挥。

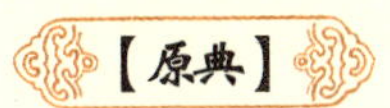

【原典】

是故不知诸侯之谋者，不能预交；不知山林、险阻、沮泽之形者，不能行军；不用乡导[1]者，不能得地利。四五者[2]，一不知，非霸王之兵也。夫霸王之兵，伐大国，则其众不得聚；威加于敌，则其交不得合。是故不争天下之交，不养天下之权，信己之私[3]，威加于敌，故其城可拔，其国可隳[4]。施无法之赏，悬无政之令[5]，犯三军之众，若使一人。犯之以事，勿告以言[6]；犯之以利，勿告以害[7]。投之亡地然后存，陷之死地然后生，夫众陷于害，然后能为胜败。故为兵之事，在于顺详敌之意[8]，并敌一向[9]，千里杀将，此谓巧能成事者也。

【注释】

①乡导：即向导。

②四五者：上述几种情况。

③信己之私：信，伸展，这里指彰显。句意指彰显自己的意志。

④隳：摧毁。

⑤悬无政之令：悬，悬挂、颁发。颁发超出规定的命令。

⑥犯之以事，勿告以言：犯，驱使。只要驱使敌军做事，但不要告诉他们真实的意图。

⑦犯之以利，勿告以害：用有利的一面去驱使敌军，但不要告诉他们危险的一面。

⑧顺详敌之意：顺，通“慎”，意为审慎地研究敌军的意图。

⑨并敌一向：集中兵力进攻敌人战线上的某一点。

【译文】

不清楚各诸侯国意图的人，不能参与外交；不熟悉不会运用山林、险阻、沼泽等地形的人，就不能领军作战；不使用向导，就不能运用地理的优势。这几个方面，有一方面不了解，都不能算是可以争夺天下的军队。

所谓可以争夺天下的军队，可进攻大国；进攻大国能使敌国的军队来不及集中起来；威慑敌人，使敌国的外交努力失败。所以，不用争着与其他国家结交，也不在诸侯国中培植自己的势力，多多施恩于自己的民众、士卒，把兵威指向敌国，敌国城池可拔，国都就能被攻下。实行破格的奖赏，颁发非常的政令，驱使三军部队像使唤一个人一样。授以任务，不必说明作战意图。赋予危险的任务，但不指明有利条件，彰显自己的意志，威势凌驾于敌国，那么敌国的城池就可以夺取，国都可以被摧毁。施行额外的赏赐，打破常规发布命令，指挥三军，如同指挥一个人。指挥其作战，但不要说明最终意图；用有利之处激励士卒，不要告诉他们危险的一面。将部队置于走投无路之地，（军队拼死作战）才能存活下来；将军队置于死地，（军队拼死作战）才有活路。只有全军都陷入危险之地，然后才能（殊死战斗直至）胜利。所以，领兵作战这种事，就在于审慎研究敌人意图，集中兵力进攻敌军一处，奔袭千里，斩杀敌将，这就是所说的巧妙用兵完成作战任务的将领。

【原典】

是故政举之日，夷关折符①，无通其使；厉于廊庙之上②，以诛其事③，敌人开阖④，必亟入之。先其所爱，微与之期。践墨随敌⑤，以决战事。是故始如处女，敌人开户，后如脱兔，敌不及拒。

【注释】

①夷关折符：封闭关口，销毁通关凭证。

②厉：通“砺”，反复磋商。

③以诛其事：诛，决定。来决定战略之事。

④阖：门扇。

⑤践墨随敌：践，履行、实施；墨，木工的魔线。此处指作战计划的执行要根据敌人的变化。

【译文】

所以，决定作战战略的时候，就封锁关口，销毁（原有的）通行凭证，不许敌国的使节往来，在庙堂再三谋划，做出战略决策。敌人一旦有机可乘，就马上攻入。首先要夺取敌人最重视的地方，不要与敌人约期决战。执行作战计划要跟随敌人（的变化）而变化，来决定军事行动。因此，战争开始时，要像处女一般沉静，使敌人放松警惕，暴露空虚之处。然后突然发动攻击，要像脱逃的野兔一样迅速，使敌人来不及组织防御。

《火攻篇》第十二

导读

《火攻篇》，顾名思义就是以火助攻。在本篇中，孙子详细论述了火攻的种类、条件、具体的实施方法，并提出了他的慎战思想。在春秋战国时期，典型的火攻战例并不是很多，《春秋·鲁桓公七年》提到的焚咸丘几乎可以看做是文献记载中最早的火攻战例。半个世纪后火攻逐渐在战场上使用，规模较大而又记载较为详细的是公元前555年的平阴之战，另外还有公元前505年的吴楚战争，孙子曾经参加了这一战争。可见，在那个时代，孙子能够看到“火攻”的重要性，并且对它的实施办法进行系统的总结，具有相当超前的见识和独到的眼光。

孙子首先概括了“火攻”的五种类型：一曰火人，二曰火积，三曰火辎，四曰火库，五曰火队。“火人”是指焚烧敌寨，烧杀人马；“火积”是焚烧敌人的粮草；“火辎”则是指焚烧敌军的辎重；“火库”指焚烧敌军的物资仓库。接着，孙子指出，“行火必有因，烟火必素具。发火有时，起火有日”，实施火攻必须要条件具备，火攻的器材平时必须准备好，而且，放火还要选择合适的天时和日子。那么，具体需要什么样的天时和日子呢？“时者，天之燥也；日者，月在箕、壁、翼、轸也。凡此四宿者，风起之日也”。火攻需要干燥的天气和合适的风向，孙子认为，当月亮行经箕、壁、翼、轸这四个星宿的时候就是起风的日子。

“凡火攻，必因五火之变而应之”，孙子在这里再次强调了在与敌军交战过程中根据实际战况灵活多变的重要性。“因”是根据、利用的意思，“变”是变化，要根据五种不同的火攻方式而采取机动灵活的办法来对付敌人。那么，采取什么样的具体方法呢？孙子一一列举。“火发于内，则早应之于外。火发兵静者，待而勿攻，极其火力，可从而从之，不可从而止，火可发于外，无待于内，以时发之。火发上风，无攻下风。昼风久，夜风止。凡军必知有五火之变，以数守之”。在敌营内部放火，就要及时派兵从外部策应；火已烧起来，但敌营依然安静不乱，我军要等待观察，不要进攻；待到火势最大的时候，可进攻就进攻，不可进攻就停止。火攻若是从敌军营地外面开始，就不必等待内应，只要按准确时机放火就可以了。要在上风处放火，不要从下风处进行火攻。白天刮风的时间长，夜晚风就容易停下来。军队必须懂得五种火攻的不同运用，并遵循自然规律把握火攻的时机。

然而，尽管火攻在作战中能够发挥重要的作用，但是它毕竟只是一种作战的辅助手段，兵将们才是战争的主导。所以，在运用火攻进行作战时，要遵守慎战的原则。“以火佐攻者明，以水佐攻者强。水可以绝，不可以夺”，“水”“火”在战争中发挥的作用是“佐攻”，即辅助进攻，有了它们的辅助我军的进攻就会更加强劲。水火无情，运用火攻，必须要谨小慎微，否则将会酿成大祸。《左传·隐公四年》记载，鲁国有个大夫叫众仲，他说：“兵，犹火也。弗戢将自焚”。古人认为，兵像火一样，火不可玩，水火无情，玩火必自焚。

在作战中坚持慎战原则，孙子对国君和将领也提出了相关要求，也就是“安国全军”之道。为什么要慎战呢？孙子说，“怒可以复喜，愠可以复悦；亡国不可以复存，死者不可以复生。故明君慎之，良将警之；此安国全军之道也”，愤怒可以重新转变为欢喜，恼怒也可以再次化作喜悦；然而，国家灭亡了就不会再次建立了，人死之后便不能够复活。孙子进一步阐述了慎战的具体原则，吴如嵩将其总结为三点：第一，明智的君主一定要谨慎对待，贤良的将领也要时刻警惕，这是关乎安定国家、保全军队的重要原则；第二是“三非”，即“非利不动，非得不用，非危不战”，也就是说，没有好处不采取军事行动，不能取胜就不要用兵，不是存亡之际不要开战；第三，“主不可以怒而兴师，将不可以愠而致战；合于利而动，不合于利而止。”国君不可因一时愤怒而发动战争，将帅不能因一时愤怒而兴兵。合于国家利益就行动，不符合国家利益就停止。我们来看吴如嵩《< 孙子兵法 > 十三讲》所讲的三国时期君主因一时之怒而兴兵作战，最终酿成大祸的一个例子：公元 221 年，刘备为了报东吴杀害关羽之仇，执意要进攻孙权，进攻东吴。赵云劝说刘备，篡夺国家政权的是曹操，而不是孙权，如果能够先出兵灭掉魏国，那么孙权自然也会屈服投降，不应该把大敌曹魏置于一边，反而去跟吴国作战，战争一打起来是不能很快结束的，攻打吴国并非上策。当时向刘备劝谏的大臣很多，但刘备依然固执己见，一概不听。公元 222 年蜀军大举进攻吴国，结果被陆逊火烧连营，蜀国的军队损失了大部分，从此蜀国元气大伤，一蹶不振。这个例子从反面很好地揭示了“主不可以怒而兴师，将不可以愠而致战”的道理。

【原典】

孙子曰：凡火攻有五,一曰火人[1]，二曰火积[2]，三曰火辎[3]，四曰火库[4]，五曰火队[5]。行火必有因，烟火必素具[6]。发火有时，起火有日。时者，天之燥也；日者，月在箕、壁、翼、轸[7]也。凡此四宿者，风起之日也。

凡火攻，必因五火之变而应之[8]。火发于内，则早应之于外。火发兵静者，待而勿攻，极其火力[9]，可从而从之，不可从而止，火可发于外，无待于内，以时发之。火发上风，无攻下风[10]。昼风久，夜风止。凡军必知有五火之变，以数守之[11]。

故以火佐攻者明，以水佐攻者强。水可以绝，不可以夺[12]。

【注释】

①火人：用火烧敌人的营寨。

②火积：积，积聚的粮草。用火烧毁敌人集聚的粮草。

③火辎：辎，装载物资的车辆。烧毁敌人运载辎重的车辆。

④火库：库，装备、财物等库藏。烧毁敌人的库存。

⑤火队：队，有多个解释，有烧毁对仗兵器、烧毁粮道、烧毁敌人的船队等多种。

⑥烟火必素具：烟火，发火器材。素，平常。实施火攻的器材必须在平常就做好准备。

⑦箕、壁、翼、轸：为二十八星宿之四宿。箕为东方苍龙七宿之一；壁为北方玄武七宿之一；翼、轸为南方朱雀宿之二。古人通过长期观察，月亮与这些星宿运行相近的日子，一般多风。

⑧因五火之变而应之：根据五种火攻的情况变化而变化。

⑨极其火力：等到火势烧到最旺。

⑩火发上风，无攻下风：火攻要从顺风处放火，不能逆风放火。

⑪以数守之：数，指上文的各种火攻条件。要等到上文提到的各种火攻条件具备。

⑫水可以绝，不可以夺：水可以断绝、截断敌军，不能够焚毁或掠夺敌军的军械。

【译文】

孙子说：火攻有五种：一是烧毁敌军人马，二是烧毁敌军集聚的粮草，三是烧毁辎重，四是烧毁军备库藏，五是烧毁敌军粮道及运输设施。实施火攻需要条件，点火器材须平时准备好；发动火攻须选好天时与日期。天时是指气候干燥的季节。日期，如月亮运行到箕、壁、翼、轸四星所在位置的日子。凡月亮经过这四星宿的日子，就是起风的日子。

用火攻，必须根据这五种火攻的不同变化而灵活配合。在敌营内部放火，就要及时派兵从外部策应。火已烧起来，但敌营仍然保持安静的，要等待观察，不要进攻；待到火势最大的时候，可进攻就进攻，不可进攻就停止。火攻可从敌军营地外面开始，这时就不必等待内应，只要按准确时机放火就可以了。要在上风处放火，不要从下风处进行火攻。白天刮风的时间长，夜晚风就容易停下来。军队必须懂得五种火攻的不同运用，并遵循自然规律把握火攻的时机。

用火攻辅助军队进击，效果显著；用水辅助军队进攻，可使加强攻势。水可以分割断绝敌人，但不能（像火攻那样）使敌军失掉军需物资。

【原典】

夫战胜攻取，而不修其功者凶，命曰“费留”[①]，故曰：明主虑之，良将修之。非利不动，非得不用[②]，非危不战。主不可以怒而兴师，将不可以愠[③]而致战；合于利而动，不合于利而止。怒可以复喜，愠可以复悦；亡国不可以复存，死者不可以复生。故明君慎之，良将警之；此安国全军之道也。

【注释】

①不修其功者凶，命曰“费留”：修，治。命，名。费留，白费。不巩固自己的胜利成果就会很危险，就会白费努力。另一种解释是，如果打了胜仗没有及时犒赏，就是“费留”。

②非得不用：得，收获。不能打胜仗就不用兵。

③愠：怨愤、恼怒。

【译文】

凡打了胜仗，夺取了土地城邑，而不巩固战果的，就会有危险，这叫“费留”。所以说，明智的国君要慎重考虑，高明的将帅应该认真研究。没有好处不采取军事行动，不能取胜就不要用兵，不是存亡之际不要开战。国君不可因一时愤怒而发动战争，将帅不能因一时愤怒而兴兵。合于国家利益就行动，不符合国家利益就停止。愤怒了还能高兴，恼火了还会喜悦，但国家灭亡却不可再存在，死掉的人也不可能再活过来。所以，明智的国君要慎重（对待战争），优秀的将帅要警惕（战争），这是安定国家、保全军队的根本原则！

《用间篇》第十三

导读

早在春秋战国时期，各诸侯国争相称霸，战乱频繁，在错综复杂的战争中，充满了敌对双方智慧与权谋的较量，而用间也在其中熠熠生辉，发挥着不可小觑的作用。吴如嵩对秦国间谍活动的历史渊源进行了较为详尽的叙述："早在春秋时期的秦穆公时，他就派间谍杞子、逢孙、杨孙控制了郑国的北门。因为有内应，秦国才敢偷袭郑国。当时如果不是郑国的商人弦高及时发现秦军偷袭并派人回报郑国，郑国的处境就相当危险了。如果说在战国中期以前，秦国的间谍活动还仅仅限于外交上收买拉拢、离间分化，军事上获得情报，散布谣言之类，那么到了秦王嬴政发动统一六国战争之后，就出现了一个显著的变化，这就是'财剑兵'三部曲的间谍战。什么是财剑兵的间谍政策呢？这是秦国长史李斯的计谋，大意是说暗中派遣智谋之士，携带黄金美玉去游说诸侯列国。凡是名臣良将，能用金钱收买的就收买，拒不接受的就暗杀，部队则随后去攻打。简单地说，财就是收买，剑就是暗杀，兵就是战争。三者互相联系，环环相扣。财剑兵三部曲是一项阴险毒辣的血淋淋的间谍策略，同时又是一项十分有效的战略措施。它极大地加快了统一战争的进程。从实质上看，他是把间谍斗争与军事斗争紧密地结合起来，实实在在地体现了武力征伐是外交战争间谍活动的延续。"由此可见，秦国灭六国，统一天下，用间计在其中发挥了重要的作用。

《谋攻篇》中曾论述："知己知彼者，百战不殆。"作为全书最后一篇的《用间篇》，在内容上与第一篇《计篇》遥相呼应，是从"知彼"的角度来对间谍的使用问题进行了详细的论述。正如陈启天所说："本书以《计篇》开宗明义者，乃首示知己之必要，而已《用间篇》殿全书者，乃专示知彼之必要也。战争之事，计与间贯彻始终，而复互为关联。非有计，则不能用间，非有间，则不能定计。计始于战争之前，间亦用于战争之前。计用于战争之中，间亦用于战争之中。其所以先计而后间者，诚以不先求知己，虽知彼亦无益耳。先求知己，复求知彼，作战之能事，得其大半矣。”本篇大致可以分为获知敌情的重要性、间谍的分类和使用、用间的战略地位和作用三个部分。

孙子开篇即指出“知敌情”在作战中的重要性，并批判了那些因为吝惜物资不使用间谍而不知敌情，最终导致作战失败的君主和将领。“相守数年，以争一日之胜，而爱爵禄百金，不知敌之情者，不仁之至也，非人之将也，非主之佐也，非胜之主也”。敌我双方对峙数年，最终却因吝惜爵禄和金钱不愿花重金使用间谍，最后因为不了解敌情而打了败仗，这样就是因小失大了，这样的君主是不仁义的，这样的将领是不配做军队领帅的，也无法辅佐君王成大业。然而，通过什么样的途径来“知敌情”呢？孙子说，“先知者不可取于鬼神，不可象于事，不可验于度，必取于人，知敌之情者也”，获取敌情不能依靠鬼神，不能依靠事情类比推测，也不能靠观星相来验证，必须通过人来获取。孙子的这种观点突出了他朴素主义唯物观的主张，极大地凸显了人的理性和智慧，这是相当宝贵的。

随后，孙子较为全面地概括了间谍的种类，可分为五种：乡间、内间、反间、死间、生间。“乡间”就是利用敌国的乡野之人充当间谍；“内间”是利用敌国的官吏充当间谍；“反间”是利用敌方的间谍使其为我所用；“死间”是向外传递假情报，然后让我方间谍知道后传给敌方的间谍；“生间”是能够安全返回国内报告敌情的间谍。间谍的使用对于军队能否取得成功至关重要，因此，间谍在军队的关系中显得尤为特殊，“三军之亲，莫亲于间，赏莫厚于间，事莫密于间”，在军队的关系中，没有比间谍更亲近的，奖赏没有比间谍更优厚的，事情没有比间谍更秘密的了。孙子对使用间谍的领兵将领也提出了相关要求——“非圣智不能用间，非仁义不能使间，非微妙不能得间之实”。使用间谍的将领必须是卓越的、仁义的、心机庙算的。“凡军之所欲击，城之所欲攻，人之所欲杀，必先知其守将、左右、谒者、门者、舍人之姓名，令吾间必索知之”，所谓“知己知彼”，间谍的作用是“知彼”，获取敌军守将、守将身边的人、警卫、看守城门的人以及看守官署的人的名字等信息，这样我方采取相应的应敌策略，才能够取得作战的胜利。例如，历史上著名的谋士陈平就非常善于用间，他建议汉王刘邦采取离间计，挑拨项羽和范增、钟离昧、龙且、周殷等重要大臣的关系，使其内部互相残杀，就一定可以战胜项羽。刘邦认为有理，就交给陈平四万斤黄金，“恣所为，不问其出入”，也就是听任陈平随意支配，不予过问。

孙子在文中详细叙述了间谍的使用以及间谍之间的相互关系。“必索敌人之间来间我者，因而利之，导而舍之，故反间可得而用也”，首先要侦探出我方军情的敌方间谍侦查出来，然后对他们进行策反，使其为我所用，也就是“反间”。“因是而知之，故乡间、内间可得而使也；因是而知之，故死间为诳事可使告敌；因是而知之，故生间可使如期”，然后再根据反间的情报，来判断乡间、内间是否能够发挥应有的作用，来判断死间是否可以制造假情报，并将此情报报告给敌人，以及生间是否可以按期往返。可见，这五种间谍的使用是立足于反间的基础上的，国君必须对这五种情况了如指掌，而且要厚待反间。吴如嵩《< 孙子兵法 > 十三讲》中所列举的唐朝高仁厚利用反间的例子就比较典型。公元 822 年，有一个叫阡能的人聚众谋反，唐朝政府派高仁厚为招讨使前往镇压。唐军发现有一个商贩在军营中进进出出，就把他抓起来加以审问，果然这个商贩就是阡能派来的间谍。

最后，孙子引用典故，再次强调了使用间谍需要“明君贤将”的重要性。“昔殷之兴也，伊挚在夏；周之兴也，吕牙在殷”，伊挚是夏桀的大臣，吕牙是商纣的大臣，他们都是洞悉夏商政治军事战略情报而又睿智聪颖的人物，他们都曾在敌国做过间谍。孙子认为，商国和夏国的兴起是因为他们做过间谍的缘故。“故惟明君贤将能以上智为间者，必成大功，此兵之要，三军之所恃而动也”，贤良的君主和明智的将领能够任用智慧超群的人当间谍，一定可以成就伟大的功业。

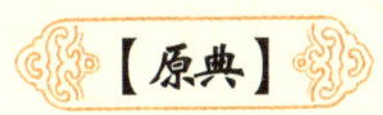

【原典】

孙子曰："凡兴师十万，出征千里，百姓之费，公家之奉[①]，日费千金；内外骚动，怠于道路[②]，不得操事者[③]，七十万家。相守数年[④]，以争一日之胜，而爱爵禄百金[⑤]，不知敌之情者，不仁之至也，非人之将也，非主之佐也，非胜之主也。故明君贤将，所以动而胜人，成功出于众者，先知也。先知者不可取于鬼神，不可象于事[⑥]，不可验于度[⑦]，必取于人，知敌之情者也。

【注释】

①公家之奉：奉，同"俸"，指国家的军费开支。

②怠于道路：怠，疲惫，在道路上奔波。

③不得操事者：操事，操作农事。不能操作农事。

④相守数年：相守，相持。

⑤爱爵禄百金：爱，吝惜。吝惜官爵赏金。

⑥象于事：用事情类比、推测。

⑦度：天象的度数，又同历数。

【译文】

孙子说："凡是兴兵十万，出征千里，百姓的耗费，国家的开支，每天要花费千金；国内外动荡，一路上疲于运送物资，不能从事耕作民众达七十万户。双方对峙数年，为的就是决死一战，却因吝啬爵禄金银（不愿使用间谍），以至于不了解敌方情况，这样的人，是不仁到了极点！这种人，不配作军中统帅，不配作君主的辅臣，也不会是得到胜利的人。明君、贤将，之所以能一行动就战胜敌人，所成就的功业高于一般人，就在于他们事先了解敌情。实现了解敌情不能祈求鬼神，不能用事情类比推测，也不能观星相去验证，必须依靠人来得到，就是从那些熟悉敌情的人口中（去获取情报）。

【原典】

故用间有五：有乡间，有内间，有反间，有死间，有生间，五间俱起，莫知其道，是谓神纪[①]，人君之宝也。乡间者，因其乡人而用之。内间者，因其官人而用之。反间者，因其敌间而用之。死间者，为诳事于外，令吾间知之，而传于敌间也。生间者，反报也。

故三军之亲，莫亲于间，赏莫厚于间，事莫密于间。非圣智不能用间，非仁义不能使间，非微妙不能得间之实。微哉！微哉！无所不用间也！

间事未发而先闻者，间与所告者皆死。

凡军之所欲击，城之所欲攻，人之所欲杀，必先知其守将、左右、谒者、门者、舍人[②]之姓名，令吾间必索知之。

【注释】

①神纪：意为神妙莫测之道。

②守将、左右、谒者、门者、舍人：杜牧注："守，谓官守职任者；谒，告也，主告事者也；门者，守门者也；舍人，守舍之人也。"

【译文】

所以，间谍的使用有五种情况：有乡间、内间、反间、死间、生间。五种间谍一齐使用，没有谁能知道其中奥秘，正所谓神秘莫测之道，国君的宝物。所谓乡间，就是利用敌国之人做间谍；所谓内间，就是用敌方官吏作间谍；所谓反间，就是利用敌方的间谍，实现我方的目的；所谓死间，就是故意虚构假情况，并通过（身处敌军阵营）的我方间谍，散播给敌人；所谓生间，就是（了解敌情），并回来报告。

所以在军队的亲密关系中，没有比间谍（与主帅）更亲密的了。军中的奖赏，没有比间谍更优厚的，任务没有比间谍更秘密的了。不是睿智的主帅不能使用间谍；不是仁厚之人，不能使用间谍；没有高明精微的分析能力，不能察知真实的情报。微妙啊，微妙！没有什么地方不需要使用间谍的！

用间之事未行却先被人知道，泄密的间谍以及听他说这件事的人都会被处死。

凡是要攻击敌方军队，夺取敌方城邑，刺杀敌方人员，必须先知道其将领、亲信、传令人、守门人和门客幕僚的姓名，必须要让我方间谍侦察清楚（这些情况）。

【原典】

必索敌人之间来间我者，因而利之，导而舍之，故反间可得而用也。因是而知之，故乡间、内间可得而使也；因是而知之，故死间为诳事可使告敌；因是而知之，故生间可使如期。五间之事，主必知之，知之必在于反间，故反间不可不厚也。

昔殷之兴也，伊挚①在夏；周之兴也，吕牙②在殷。故惟明君贤将能以上智为间者，必成大功，此兵之要，三军之所恃而动也。

【注释】

①伊挚：伊尹。《吕览·慎大》谓汤“欲令伊尹往视旷夏，恐其不信，汤由亲自身伊尹。伊尹奔夏三年，反报于亳。”

②吕牙：吕尚、姜子牙。吕尚原为殷纣的臣子，熟悉殷内情。归周后，周文王立为师。

【译文】

一定要查出敌方派到我方从事间谍活动的间谍，以重金收买，诱导其为我所用，这样就可以使用“反间”了。根据反间的情况，乡间、内间就可以使用了。根据反间的情报，死间就可以把假情况告诉敌人；根据反间的情报，生间就可如期回报。这五种间谍的使用，君主必须掌握，知道其中的关键就在于反间。所以反间的待遇不能不特别优厚。

从前，殷代兴起之际，是因为伊挚曾经在夏做间谍，周朝的兴起，是姜尚在商朝搜集情报。因此，明君贤将能用有大智慧的人做间谍，必定能建立宏达的功业。这是用兵的要务，三军都要依靠它来决定军事行动。